L'ESPRIT DE DROITE 2

Louis Le Carpentier

Préface de Scipion de Salm

L'ESPRIT DE DROITE 2

Les hommes qui l'incarnent

Reconquista Press

ISBN : 978-1-912853-24-3

À Lucas,
mon camarade, mon ami, mon frère

« *Ce qui distingue fondamentalement l'homme de gauche de l'homme de droite serait sans doute la manière très différente de concevoir "la personne humaine". […] En tant qu'homme de droite, c'est-à-dire soucieux d'une certaine qualité humaine à préserver, disons, d'une certaine élite ou d'une certaine aristocratie à constituer ou à créer, ma préoccupation sera de trouver autant que possible des mécanismes compensateurs à ce mal qu'est le suffrage universel, où l'égalitarisme est général.*

Cette aristocratie est à créer […]. »

Gabriel MARCEL, propos recueillis par
A. Parinaud et parus dans *Arts* en 1962

PRÉFACE

M. Le Carpentier est un nouvel auteur fonda-
mental à découvrir, au sein de la Droite nationale,
la plus claire et la plus affirmée. Il comble un vide
dont souffre notre famille de pensée depuis très
longtemps, il faut bien le reconnaître.

M. Le Carpentier a déjà publié trois ouvrages,
aux éditions Reconquista Press : *Catholique et fasciste toujours*, *Pour un fascisme thomiste*, *L'Esprit de
Droite*, qui furent notre découverte enthousias-
mante du confinement interminable du printemps
2020. Ils étaient situés en bas d'une pile de livres à
lire, dans la sous-section des théoriciens, ce qui en
général ne nous passionne pas, donc en queue des
priorités de lecture. Mais des mois, voire des années
de retard, ont été rattrapées à cette triste occasion.
Nous ne le connaissions pas, ni le philosophe, ni son
œuvre ; donc ses essais étaient vraiment à la base de
la colonne. Nous n'avions écouté que d'une oreille
trop distraite la recommandation antérieure de
plusieurs mois de notre ami commun, Florian
Rouanet, bien à tort.

Des hommes de Droite trop souvent confus et répétitifs

Nous dirons fort peu de chose des autres auteurs lus. Il faut reconnaître beaucoup de bonne volonté certainement, l'effort d'avoir écrit ; il est tellement plus facile en effet de critiquer un ouvrage que de l'écrire… Mais dans le fond, ils se livraient nonobstant aux considérations pour le moins confuses, sinon plus ou moins délirantes, tristement attendues, et répétées pour certaines sans cesse en boucle depuis 1840, voire 1640 : ah, ce cardinal de Richelieu [le principal ministre de Louis XIII] méprisant les privilèges de la noblesse et de nos bonnes provinces, nos malheurs viendraient de là !… Bref, nous avions parcouru tout le pandémonium habituel, avec tous les contresens énormes si courants aussi : ainsi de Gaulle s'était trouvé célébré dans plusieurs livres pour ses grands discours patriotiques, aux considérations, pas fausses en soi, sorties de leur contexte historique — qui serait contre la grandeur et l'indépendance de la France ? —, alors qu'il avait mené dans les faits une politique systématique, sur des décennies, de 1940 à 1969, de destruction de la France !

Nous avions retrouvé force complots bien sûr, nombreux, complexes, emboîtés : ils étaient là, démasqués, en dépit de contradictions apparentes voulues exprès pour tromper les naïfs, cacher ce Complot, complot des complots, etc., et les auteurs s'étaient *in fine* encore perdus eux-mêmes dans ces méandres insondables…

Et le tout avait été souvent aussi mélangé, et alors le résultat était plus qu'étrange, avec des divagations par-delà le temps et l'espace, de Richelieu à de Gaulle, en passant par Hitler, tantôt crypto-juif, tantôt pieux catholique — ce qui, dans les deux cas, laisse sans voix ! —, la franc-maçonnerie écossaise et le sionisme international des disciples de Herzl… La charité commande de ne rien dire de plus, et de ne surtout pas nommer les auteurs.

On avait retrouvé à travers ces personnages aux discours extravagants les caricatures, ô combien à la fois involontaires et trop réelles, des « hommes de Droite » dont il sera question dans cet ouvrage. Et ainsi a surnagé, la colonne vidée, impitoyablement lue, ô divine surprise, comme une évidence, une pensée claire, nette, structurée, celle de M. Le Carpentier.

Penser droit, de Maurras à Le Carpentier

Les titres ont le mérite d'annoncer explicitement leur objet. Nous avions donc pourtant craint le pire, en abordant les ouvrages de M. Le Carpentier, après des décennies de lectures militantes décevantes, soit encore des synthèses historico-philosophiques très acrobatiques, avec par exemple la légende hélas complètement fausse d'un Hitler très pieux catholique, ou une dissertation sur la « droite » que devrait être Les Républicains, et qu'ils ne sont évidemment pas du tout et n'ont jamais été, pour une fondation politique sous le haut patronage de Jacques Chirac en 2002. Il existe encore de nombreux auteurs singuliers dans ces veines. Or, rien de tout cela avec M. Le Carpentier !

Sans idéalisations délirantes d'un passé qu'il connaît parfaitement, l'auteur a fait remarquer la convergence, sur le plan naturel, entre la Cité fasciste, et la Cité chrétienne terrestre. Cette dernière a été sagement définie par Aristote — au niveau seulement des vérités physiques et morales naturelles, évidemment —, et repensée avec l'apport essentiel du christianisme par saint Thomas d'Aquin. S'il n'est pas le premier à l'avoir remarqué, et l'on peut certes remonter à Alphonse de Châteaubriant, M. Le Carpentier sait développer cette idée de manière philosophiquement rigoureuse, en faisant appel à la philosophie thomiste, parfaitement maîtrisée, mais aussi mise à la portée de tous, et c'est là, à notre connaissance, vraiment une première.

M. Le Carpentier comble ainsi un vide béant dans l'univers intellectuel de la Droite nationale. Qui doit être le penseur de référence, ou peut prétendre aujourd'hui de façon crédible à ce titre ? Personne, il faut bien l'avouer, du moins jusqu'à son apparition.

Qui conseiller avant M. Le Carpentier ? Et conseiller sincèrement, pas pour faire plaisir à des amis politiques en les recommandant eux ou leurs auteurs préférés ? Ces derniers sont très divers, et forment les bases, parfois de façon manifeste et directe, parfois sollicitée de diverses écoles de pensée dont il est question dans *L'Esprit de Droite 2 : Les Hommes qui l'incarnent*.

On serait tenté de remonter à Maurras pour trouver le dernier grand auteur précédent ; le philosophe de Martigues avait élaboré son système dans les années 1890, en proposant une modernisation de l'ultraroyalisme des années 1820 ; il l'avait vidé de son providentialisme chrétien, totalement inopérant en une société déchristianisée, au profit de la raison. Il est toujours intéressant de lire ou relire Maurras, même s'il s'agit clairement d'un autre monde, encore assez rural, avec des identités régionales fortes, en particulier sa très chère Provence.

Il y avait alors en France 100 000 juifs d'Europe centrale récemment arrivés, et 100 000 immigrés italiens, et l'Action française dénonçait une dangereuse invasion de notre pays. Avec près de 17 millions d'allochtones inassimilables en France en 2020, dont pour beaucoup des islamistes violents, et qui ne cessent de débarquer et de se multiplier sur place, la Belle Époque fait figure rétrospectivement de paradis perdu qui s'ignorait ! Mais l'Action française voyait fondamentalement juste, en dénonçant le danger d'une invasion étrangère ; elle a été prophète, en un temps où ce n'était pas si évident.

De même, les élites républicaines, largement maçonniques, et un peuple docile marchant vers le pire fort calmement, avaient été l'objet des imprécations justifiées de Maurras et ses disciples. Nous avons aujourd'hui tellement pire. L'Anti-France triomphe de la façon la plus explicite, des élites apatrides pourries à un degré inimaginable en 1900 — avec une condamnation de toutes nos gloires nationales et la promotion de toutes les perversions —, et des masses humaines allochtones toujours plus nombreuses réalisant le Grand Remplacement.

La France après 2050, et peut-être avant, sera probablement une sorte de Mali, avec des tribus antagonistes noires ou arabes, se réclamant plus ou moins sérieusement du Djihad — guerre sainte musulmane —, se massacrant les unes les autres et réduisant en esclavage les populations habitant ce qui fut la France, les descendants des Français authentiques comme tous les autres.

Il y a donc des intuitions très justes chez Maurras. Il convient de le relire, en le resituant dans son contexte. Certains points sont certes dépassés, comme son pays réel de la France rurale, déjà agonisant au mieux en 1900, et manifestement disparu depuis très longtemps, tout comme les provinces dont il souhaite l'autonomie… Nous souhaitons au contraire un pouvoir national très fort, centralisé, seul à même de sauver la France, les choses étant ce qu'elles sont devenues en 2020. M. Le Carpentier actualise, nous n'osons dire corrige, les propositions de Maurras, en s'inspirant du meilleur de la pensée italienne du XXe siècle, celle du fascisme de Mussolini. Il n'y a jamais eu l'équivalent en France. Ainsi, aujourd'hui, au niveau de Maurras, un siècle plus tard, au niveau des philosophes nationalistes majeurs, il convient de compter M. Le Carpentier.

L'Esprit de Droite 2 : Les Hommes qui l'incarnent, *un ouvrage étonnant et juste*

Enfin, comment introduire précisément ce deuxième volume de *L'Esprit de Droite* ?

Le mieux est de reconnaître d'emblée que l'ouvrage surprend. Et c'est une qualité trop rare que de ne pas commencer à se répéter à son quatrième volume. Il s'inscrit dans la pensée globale de l'auteur, et dans l'idéal se lira à la suite des trois ouvrages qui le précèdent ; il présente les hommes qui incarnent cette Droite — Droite correspondant dans le langage courant à extrême-droite, il faut le garder toujours à l'esprit —, à travers leurs qualités et leurs travers.

Ces derniers sont particulièrement mis en valeur. Le ton général est proche de la satire, rappelle fortement *Les Caractères* de La Bruyère. Le philosophe se fait observateur des hommes réels, et montre un talent jusque-là méconnu de véritable écrivain. Il existe une culture de la micro-société, avec ses sociabilités et ses sous-cultures proches. Toutes tiennent absolument à se distinguer. Il existe encore des affectations d'écoles là où les doctrines qui sont réputées les fonder ou les justifier ne sont plus vraiment étudiées. Les militants, trop rares, n'étudieraient donc plus guère pour la plupart, militeraient concrètement peu, mais cultiveraient des sentiments d'appartenance assez vains…

L'esprit rigoureux et organisé de M. Le Carpentier perce toujours derrière la façade de la satire : sont relevés, comme un sociologue sérieux — chose si rare —, dix caractères principaux, ou « catégories » dans le langage spontanément philosophique de l'auteur. Bien évidemment, le militant expérimenté, ce que nous sommes, de la Droite nationale authentique s'amusera à retrouver des noms derrière ces types fondamentaux : l'aristocrate, le réactionnaire romantique, le réactionnaire (réaliste), le fasciste, l'anarchiste de droite, le garçon-vacher (« *cowboy* » en anglais d'Amérique), le tonton flingueur (personnage pittoresque ressemblant aux héros du film célèbre), le militaire de carrière, le révolutionnaire, le penseur… Fondamentalement, tous ces types existent. Nous aurions certes tendance à adopter une classification plus simple à trois ou quatre caractères fondamentaux ; mais M. Le Carpentier reconnaît volontiers les proximités, et l'on peut gloser sans fin sur le fait de convenir ou non du fait que deux caractères proches devraient être fusionnés, au nom de la clarté de la vision d'ensemble.

On ne niera pas un petit effet de catalogue des vaisseaux d'Homère. Cependant, cette extrême diversité d'un milieu militant déjà pas très fourni est indéniable. Elle rend bien compte de cet éclatement. Cet éclatement est en soi l'une des causes de l'inefficacité globale de l'action politique de la Droite nationale. Le livre contient un appel à l'unité d'action, laquelle devrait s'appuyer, dans toute la mesure du possible, sur la synthèse du meilleur des différentes écoles. M. Le Carpentier propose une évaluation critique globalement bienveillante, mais ferme, sur les qualités et les faiblesses de ces écoles, à la suite des caractères qui s'y affilient. Puis il reprend, en fin d'ouvrage, en couronnement du parcours proposé, des considérations vraiment philosophiques de haute tenue.

La renaissance nationale doit donc repartir d'une base idéologique saine, unifiée, soit en effet celle de l'auteur, une forme de fascisme français, reprenant le meilleur de toutes ces traditions antérieures. Le militant doit posséder une claire conscience du passé de la France, de son patrimoine historique et spirituel, refuser la vulgarité, agir véritablement — trop d'écoles souffrent d'une grande passivité dans les faits.

Nous ne pouvons qu'approuver ce programme, fondé sur les valeurs fondamentales : le mérite, l'ordre, la réalité, la tradition et la force d'âme. C'est très bien. Nous aurions dit, un peu plus court, comme l'avait proposé le Maréchal en son temps : Travail, Famille, Patrie.

Il ne nous reste plus qu'à souhaiter une bonne lecture de *L'Esprit de Droite 2 : Les Hommes qui l'incarnent* aux rares consciencieux qui lisent effectivement les préfaces.

Scipion DE SALM,
journaliste à *Rivarol*

INTRODUCTION

Il existe toutes sortes d'hommes de Droite, c'est indéniable. Si l'homme de Droite n'est guère, du moins *a priori*, un chantre de la diversité culturelle, son camp est paradoxalement digne de la variété des marques de yaourt. Les types sociologiques et psychologiques sont fort différents.

Et cependant, nous pensons pouvoir les réduire, ou les synthétiser, en dix catégories.

Il n'y a rien de systémique, ni aucune prétention scientifique, dans cette classification, car la démarche du travail qui l'a permise a été purement empirique : elle a consisté en l'observation des hommes, et conjointement en l'écoute des déclarations que les hommes de Droite que nous connaissons nous ont faites, sur eux-mêmes, sur leur idée de la Droite et leur vision du monde. Aussi n'est-il pas impossible de trouver d'autres catégories d'hommes de Droite ; et peut-être l'un ou l'autre des lecteurs ne se reconnaîtra-t-il dans aucune de celles énoncées — même s'il est en fait plus probable que le lecteur attentif s'identifie à plusieurs de ces portraits.

Néanmoins, l'analyse philosophique qui suivra la description sera là pour confirmer la pertinence de cette dernière. Nous verrons en effet que cette répartition n'est pas totalement due au hasard, qu'elle répond à une certaine logique des idées en général, et des idées de Droite en particulier.

Pour rappel, le point commun de ces hommes qu'on désigne sous le vocable d'« hommes de Droite » malgré leurs différences, c'est qu'ils sont tous foncièrement convaincus de l'existence d'un ordre naturel et objectif des choses qui s'impose à l'homme (cf. : *L'Esprit de Droite*). Même s'ils sont « matériellement » différents, parce que plus sensibles à telle ou telle chose, ils ont tous le même esprit.

L'enjeu pratique et éminemment *personnel* — c'est-à-dire propre à chacun — de ce petit travail est d'arriver à être un peu de tous ces hommes à la fois. De tous ces hommes dans ce qu'ils ont évidemment de positif, de bon, de noble, bref, de véritablement à Droite.

Enfin, nous tenons à prévenir que les dix hommes de Droite décrits dans ce travail le seront avec légèreté, humour — parfois même avec ironie. Et ce, parce que nous estimons, à la suite d'un Platon, d'un Molière ou d'un Chesterton, que l'humour est bien plus utile que le discours didactique dans le domaine moral qui est le nôtre : il touche davantage ceux qui ont à se sentir concernés.

Il incite à se remettre en question. Et surtout, il invite à grandir.

I. PARABOLE

Dix hommes d'un autre temps, qui avaient été rejetés par le reste de la société, chassés de leur terre, de leur pays, de leur contrée, marchaient ensemble en direction d'un monde inconnu où, espéraient-ils, il leur serait enfin possible de vivre dans le respect des lois de leur humaine nature.

En attendant, les lieux étaient désertiques, le chemin rugueux, et le climat aride.

Ces dix hommes étaient à la fois fort semblables et fort différents. Fort semblables par le rejet général dont ils faisaient l'objet, et aussi par leur commune prétention au « réalisme » ; fort différents par leurs visions personnelles de ce réalisme, ainsi que par l'allure qui les caractérisait.

★

Le premier était un aristocrate ; du moins était-ce ce qu'il prétendait. On le reconnaissait à sa chevalière, à son air magnanime, supérieur, et à la façon très pieuse, quasi religieuse, qu'il avait de parler de sa famille, de ses ancêtres, et particulièrement de son arrière-arrière-arrière-grand-père — grand homme s'il en fut. En tout cas, lui n'avait jamais travaillé.

Le second était un réactionnaire romantique, mais on le savait plus romantique que réactionnaire. Il était bien habillé — même lorsqu'il randonnait —, un Sacré-Cœur cousu sur sa veste et *Le Génie du christianisme* dans la main droite. Il avait le regard bon, mais on le croisait assez rarement car l'homme se plaisait à regarder un ciel que, vraisemblablement, il avait jadis connu. Lorsqu'il parlait, c'était pour évoquer l'ancien monde avec mélancolie.

Le troisième était aussi un réactionnaire, mais beaucoup plus réaliste que l'autre — disait-il. En réalité, il était surtout vieux et pessimiste. Il était mal habillé, car l'inverse eût été coquetterie ; il n'était à peu près jamais content et ne connaissait pas le sourire. Les autres l'appréciaient peu, car il prévoyait toujours les pires malheurs, et que les malheurs arrivaient effectivement. À croire qu'il en était la cause. Sa seule préoccupation était la survie dans un monde hostile.

Le quatrième était un fasciste. Les trois premiers le prenaient plus ou moins pour un révolutionnaire, parce qu'il disait vouloir tout changer. Pourtant, il était, des dix, celui qui avait été chassé le plus durement de sa contrée, sous prétexte qu'il était réactionnaire. La vérité est qu'il voulait rétablir l'ordre ancien mais qu'il l'appelait « ordre nouveau » : du coup, il s'était fait des ennemis partout. Il faut dire aussi que le mot « ordre » était le seul qu'il avait à la bouche, et qu'il était toujours habillé en militaire alors même qu'il n'était pas militaire — ce qui déplaisait beaucoup à ceux qui l'étaient.

Le cinquième était un anarchiste de Droite. Du moins était-ce ainsi qu'on l'appelait, car, lui, il refusait bien sûr l'appellation : il ne voulait être assimilé ni à un anarchiste, ni à un fasciste. Pourtant, il était bien un peu des deux à la fois. On le savait légèrement contradictoire. C'était un homme raffiné, toujours habillé en costume trois pièces, mais il disait refuser toute convention. Il ne parlait que de liberté mais il n'aimait pas les libéraux. Il aimait bien critiquer le fasciste, mais quand un autre que lui le critiquait, il le défendait. Lui aussi n'avait à peu près que des ennemis.

Le sixième était une sorte de cow-boy. Il était solitaire, parlait peu, ne quittait jamais son chapeau et encore moins son revolver. Quand les autres déclaraient regretter le passé, il leur disait qu'il fallait tourner la page, que l'avenir était devant eux. On le savait admiratif de la conquête de l'Ouest et des pionniers de l'Amérique. Il ne se plaignait jamais, ne demandait jamais d'aide. Il n'aimait pas quand les autres en demandaient : s'il aidait, c'était de lui-même.

Le septième était surnommé tonton flingueur. Il était à peu près, de tous, le seul à aimer rigoler. Il s'entendait bien avec le cow-boy et le militaire — c'était les trois vrais bonhommes de la bande, ceux qui savaient se battre et qui sortaient le flingue quand il y avait du grabuge. De manière générale, c'était à lui qu'on s'adressait lorsqu'on était face à une impasse : on le savait pragmatique. Il portait un costard, mais les manches de sa chemise étaient toujours retroussées.

Le huitième était militaire de carrière. Il portait toujours l'uniforme. Il avait fait à peu près toutes les guerres qu'un homme peut faire dans sa vie, et il en était fier. C'était un type droit, carré, discipliné. Il se rasait soigneusement tous les matins, chantait des chants saint-cyriens en marchant, parlait pour ne dire qu'une chose importante. Mais pour lui, l'important avait une définition bien particulière : c'était tout ce qui était concret.

Le neuvième était un militant révolutionnaire. C'était le plus jeune de tous, et pas le plus cohérent. Il admirait plus ou moins l'armée, mais se méfiait du militaire, n'aimait pas la discipline et ne se rasait que tous les trois jours. Il parlait comme le fasciste de refaire le monde, mais au lieu de se lever tôt, il se couchait tard. Il se moquait un peu des anciens — surtout du réac pessimiste. Les anciens parlaient de lui avec un mélange d'attendrissement et de découragement : c'était leur dernier espoir, mais quel espoir…

Le dixième était un drôle d'oiseau. Il se disait quelque chose comme « philosophe ». Quand il parlait, les autres ne comprenaient pas grand-chose ; et on s'en méfiait précisément pour cette raison. Mais dans le fond, on l'estimait : on savait qu'il voulait plus ou moins effectuer la synthèse de toutes leurs positions, et ça plaisait. Seulement, il n'était plus très crédible dès qu'il arrêtait de penser pour faire quelque chose de concret : il n'avait aucun sens pratique.

★

La traversée du désert de ces dix braves hommes ne fut malheureusement pas glorieuse.

À peine avait-on entamé la marche que l'aristocrate se dit fatigué. Il avait l'habitude d'aller à cheval ; or, on n'avait pas de cheval. Le grand homme ne pouvait l'admettre. Ce privilège lui était dû en justice, ses ancêtres l'avaient mérité. La conséquence fut la suivante : il s'arrêta un jour sur le bord du chemin, et dit qu'il ne reprendrait la route que lorsqu'un cheval lui serait enfin donné. Il paraît qu'il attend toujours.

Un jour, le petit groupe tomba sur une église où Louis XVI était passé. Le réactionnaire romantique insista pour qu'on y aille, afin de rendre hommage au bon Roi, mais les autres refusèrent : on n'avait pas le temps. Alors, le romantique s'y rendit tout seul. Il voulait goûter la saveur de l'ancien monde au moins une fois dans sa vie ; après, il rejoindrait les autres. Mais, vraisemblablement, il fit demeure dans l'église ; on ne le vit jamais plus.

Le réactionnaire pessimiste eut quant à lui une fin malheureuse. On le savait prophète de malheur ; or, un jour, il prédit qu'on ne trouverait bientôt plus de vivres et que la famine allait donc terrasser le groupe. Il décida de ne plus toucher à aucune nourriture — par anticipation. De toute manière on allait tous mourir : alors à quoi bon se battre ? Les autres insistaient pour qu'il mangeât, mais lui refusait catégoriquement. Il finit tout simplement par mourir de faiblesse.

À ce moment, le fasciste prit les rênes de la situation : on avait déjà trois pertes, ce n'était plus le moment de rigoler. Il fallait arrêter avec les caprices, les rêveries et les prophéties si l'on voulait arriver à destination. Au début, la chose plut aux autres. Mais la direction prit vite une tournure autoritaire qui ne convint pas à tous : c'est bien connu, on aime l'ordre, mais sauf pour soi. Le cow-boy, le tonton flingueur et le militaire se liguèrent contre lui : le premier voulait la liberté pour tous, le second voulait prendre le pouvoir, le troisième n'aimait pas qu'un autre que lui portât l'uniforme. L'anarchiste de Droite qui était pourtant un indépendant défendit le fasciste, par esprit de contraction. Néanmoins, on pendit bel et bien le fasciste.

Ce fut le tonton flingueur qui prit donc la direction du navire. Au début, l'anar de Droite ne dit rien. Mais bien vite, son esprit de contradiction le rattrapa : il se mit à dire que la direction actuelle était pitoyable, et même que l'ancienne n'était finalement pas si terrible — alors qu'il n'en pensait pas un mot. Comme il n'était pas dangereux, on le laissa un temps sortir ses sarcasmes. Mais le tonton flingueur finit par s'en lasser, et le menaça de le virer s'il persévérait dans son cynisme. L'anar persévéra. On le jeta au fond d'un puits.

Un temps de relative tranquillité advint. Le tonton flingueur menait la barque avec le cow-boy et le militaire, le philosophe ne parlait pas, et le jeune n'était pas encore révolutionnaire. Seulement, le cow-boy commença à trouver que le tonton flingueur prenait un peu trop d'autorité. Il l'avait aidé, certes ; mais c'était uniquement au nom de la liberté, de l'indépendance de tous. Il le reprocha vivement au tonton. Ce dernier lui dit qu'il n'avait qu'à retourner en Amérique s'il n'était pas content. Ce que fit le cow-boy.

Le militaire était très fidèle au tonton : au moins, avec lui, c'était carré. Pas de blablas. Jusqu'au jour où le tonton émit l'idée qu'après tout, il fallait être réaliste, qu'ils n'arriveraient jamais au monde nouveau, que la société qu'ils fuyaient n'était pas si terrible que ça. Alors, le militaire devint putschiste : il voulut renverser le pouvoir du traître. Seulement, ce dernier savait tirer, et lorsque le militaire chargea son arme, il le flingua avant même que le para n'ait eu le temps de viser. C'était la fin d'un monde, celui de l'armée.

Après cela, le tonton flingueur se fit vieux. Il comprit en outre que plus personne n'était avec lui, même si on l'avait jadis soutenu. Le philosophe lui reprochait son manque d'idéal. Quant au jeune, il devint révolutionnaire : il se mit à dire que le militaire avait raison, et même que le temps où le fasciste dirigeait la marche n'était peut-être pas si mal. Alors le tonton abandonna la marche — par réalisme, dit-il. On n'entendrait plus parler de lui.

Le jeune révolutionnaire et le philosophe marchèrent un temps côte à côte. Ils ne se parlaient pas trop : le premier ne comprenait rien à ce que disait le second, et le second trouvait l'autre inintéressant. Toutefois, ils ne se détestaient pas : au fond, ils savaient tous deux qu'ils avaient besoin l'un de l'autre. Mais un jour, les deux hommes arrivèrent devant une voie ferrée. Un train venait à toute allure. Le jeune révolutionnaire décréta que le train était certainement rempli de bourgeois, et il décida donc de le braver. Le train l'écrasa tout bonnement.

Dès lors, le philosophe se retrouva seul. Il se rendit compte qu'il ne lui serait plus possible de ne faire que penser, qu'il lui faudrait désormais subvenir à ses besoins durant la route. Or, il n'avait jamais fait pareille chose. Ce qui devait donc se passer arriva. Une nuit où la température était particulièrement basse — chose courante dans le désert —, le philosophe voulut allumer un feu pour se réchauffer. Mais il ne savait pas allumer de feu : il n'en avait jamais allumé. Alors, il se coucha en pensant une dernière fois au monde nouveau que ses compagnons et lui-même étaient partis chercher.

Et il mourut de froid dans la nuit obscure, quittant enfin ce vulgaire monde sensible pour le noble monde des Idées.

★

Auguste se réveilla en sursaut. Quel terrible rêve ! Un rêve qui ressemblait étrangement à l'histoire de la Droite depuis deux siècles…

Mais non, il n'y avait pas de fatalité : la Droite n'était pas encore morte, car il y avait encore des hommes de Droite. Et si ces derniers étaient, sous bien des rapports, assez semblables à leurs aînés, ils sauraient se corriger pour ne pas reproduire les mêmes erreurs. Ils sauraient apprendre mutuellement les uns des autres. Il le fallait… à tout prix !

Sans quoi la même histoire, invariablement, se reproduirait…

II. LES HOMMES DE DROITE : PORTRAITS SOCIOLOGIQUES ET PSYCHOLOGIQUES

1. Le réac pessimiste

Il n'est pas nécessairement sympathique. Il n'est pas tout à fait l'homme qu'on aimerait avoir pour camarade. Il n'est pas vraiment la gloire de la Droite — à supposer que la gloire consiste en un certain rayonnement. Mais il en est peut-être devenu, malheureusement, le symbole vivant, l'incarnation.

Malheureusement car, par-là même, la Droite est plus ou moins réduite à cette attitude dans l'imaginaire collectif. L'homme de Droite, se dit-on, c'est celui qui est tellement attaché au passé qu'il n'est jamais content du présent et qu'il a peur de l'avenir.

Le réactionnaire, qu'il soit jeune ou moins jeune, est perçu comme un vieux hibou dressé sur sa branche, immobile, et ne criant, selon l'antique tradition romaine, que pour annoncer une mort imminente. Et parce qu'il n'affronte pas la lumière du jour — celle du présent, de la modernité —, on l'associe à la tristesse, à l'obscurité, à la retraite solitaire et à la mélancolie. En un mot, il est perçu comme un prophète de malheur.

Et cependant, comment le lui reprocher ? Il semble que tout lui donne raison. Que tout justifie son attitude. Que l'actualité aille sans cesse dans le sens de ses intuitions et, surtout, de son caractère.

★

Le réactionnaire pessimiste est un homme de tradition. Un *traditionaliste* pourrait-on même dire — le terme étant ici à entendre dans une acception politique, mais non nécessairement religieuse. Il est l'homme des coutumes ancestrales, l'homme des « c'était mieux avant » : pour cause, le changement, l'évolution, le progrès sont des mots qui le répugnent. Il appartient bien, en un certain sens, à un autre temps. Et il est d'ailleurs souvent d'âge avancé.

Si le progressiste est celui qui considère que toute évolution est *a priori* un bien, le réac pessimiste est celui qui estime que tout changement est *a priori* un mal. C'est qu'en effet il a une conception très rigide de la tradition : il ne la pense pas comme quelque chose de vivant, mais plutôt comme un pur héritage, figé, qu'on devrait transmettre comme tel. Comme un musée.

C'est un homme intelligent, réfléchi, et cultivé. Il connaît bien son histoire. Et il sait que celle-ci a été plutôt défavorable à son camp depuis deux siècles… Certaines dates — 1789, 1870, 1968… — se rappellent sans cesse à lui, y compris dans son sommeil. Il a une conscience particulièrement aiguë du fait que la décadence touche la France, l'Occident, le Monde même, depuis la Révolution française — peut-être même depuis la prétendue Renaissance. Il sait que la société française se disloque peu à peu, que l'unité qui l'a jadis faite grande n'est plus.

★

Mais il sait aussi que le vertige de cette décadence s'est emparé de la plupart des esprits — la décadence étant conçue comme un abandon progressif de la tradition, que cet abandon soit volontaire (celui des élites) ou qu'il s'identifie à de la simple négligence (celui des foules). Bien loin des populistes qui croient en l'attachement des peuples à la tradition, il croit, ou plutôt constate, que ces mêmes peuples ont globalement renié leur histoire. Qu'à la messe dominicale s'est substitué le porno hebdomadaire. Que le repas de famille a disparu au profit du MacDo. Que les livres ont été remplacés par Internet.

Que les peuples ne se plaignent donc pas de leur sort, pense-t-il : « Toute nation a le gouvernement qu'elle mérite » (de Maistre).

Il ne cesse d'avoir à l'esprit tous les maux actuels de la société — grand remplacement, crise économique, déchéance morale, crise de la culture… Et, parce qu'il a tout ceci à l'esprit, et aussi parce qu'il constate la désunion et la faiblesse de son camp, il est décidément pessimiste.

Pessimiste de raison, mais surtout de cœur : il trouve une certaine forme de complaisance dans la conviction que tout ne peut que s'empirer. Que tout ne peut que s'abîmer, se dégrader, se détériorer, s'avarier, dégénérer, moisir, pourrir. Qu'il n'y a quasiment plus rien — sinon plus rien du tout — à faire.

Il prédit les plus grands malheurs qui soient. Bientôt, affirme-t-il, la civilisation européenne disparaîtra. Les gens ne liront plus. Les hommes se marieront à trois, à quatre, ou encore avec leur chien. Les famines successives obligeront à retourner au cannibalisme…

Il prévoit même la fin du monde. Il estime que nous n'aurons bientôt plus, au mieux qu'à nous enfermer dans des lieux de refuge, au pire qu'à nous enterrer.

★

Enfin, il faut le dire, le réac pessimiste est un complotiste de première classe. L'assassinat de François-Ferdinand d'Autriche ? Un complot. Les chambres à gaz ? Un complot. Les Américains sur la Lune ? Un complot. Les attentats du 11 septembre ? Un complot. Le Covid-19 ? Encore un complot — pour nous surveiller tous. Quant à ceux qui sont derrière ces complots, ce sont tantôt les Juifs, tantôt les Francs-maçons ; tantôt les Rouges, tantôt les Américains.

Il a conscience du fait que les gouvernements ne cessent de nous mentir. Que les médias sont des divulgateurs de *fake news*. Que les prétendus « intellectuels » ne font que contribuer à l'abêtissement généralisé.

De tous les hommes de Droite, il est certainement le plus clairvoyant, le plus lucide sur les maux de notre époque. Le problème est que cette lucidité extrême l'empêche d'agir. Qu'il n'a même plus la volonté d'agir, de faire bouger les choses.

Il a perdu toute confiance ferme, toute « foi » dans l'avenir. Même les signes objectifs de redressement ne lui redonnent pas espoir. Au contraire : il les interprète comme une stratégie des ennemis, voire du Malin, pour que nous cessions d'être sur nos gardes.

En fin de compte, il réduit la force à son seul aspect défensif, le *sustinere*, en omettant l'*aggredi*, c'est-à-dire la capacité d'attaque. Il se contente de supporter la décadence. Il ne la combat plus.

2. Le cow-boy

Si le réac pessimiste a perdu toute confiance en quoi que ce soit, le cow-boy, lui, en a fait le moteur de sa vie : confiance en l'avenir, confiance en lui, confiance en sa force, en sa victoire, en sa réussite.

C'est un mixte entre l'anar de Droite des années 30 et le tonton flingueur des années 50. Il est solitaire, libre et indépendant comme le premier. Mais, comme le second, il apprécie les armes à feu et a un sens aigu de la justice — celle-ci étant conçue comme le fait de rendre à chacun ce qu'il mérite, à commencer par une balle de revolver pour celui qui viole le droit d'autrui.

Mais, qui dit des armes, et qui dit se faire vengeance, dit des ennemis. Du coup, le cow-boy s'entraîne au tir chez lui, seul, dans son garage, en espérant secrètement qu'un malotru tentera un jour de pénétrer dans sa demeure, pour qu'il puisse lui en envoyer une bonne dans les côtes.

★

La légitime défense, voilà une valeur essentielle pour le cow-boy. Tous les hommes, tous les citoyens, devraient porter une arme. Ce sont les délinquants, et les gauchistes qui défendent les délinquants, qui s'opposent au port d'arme. Mais les gauchistes et les délinquants n'ont aucune valeur à ses yeux : ce sont des faibles qui se cachent ou derrière de beaux discours — les gauchistes — ou derrière une violence fébrile — les délinquants. Ces gens-là ne sont bons qu'à creuser leur tombe. « Le monde se divise en deux catégories : ceux qui ont un pistolet chargé et ceux qui creusent », assène Clint Eastwood, alias Blondin, dans *Le Bon, la Brute et le Truand.*

Il a une vision assez hobbesienne de l'existence humaine : l'homme est un loup pour l'homme, si ce n'est par nature, du moins à cause du péché originel. Tout est affaire de lutte : individus, entreprises, nations, tous luttent pour dominer l'autre. Dans cette perspective, la confrontation avec autrui, la concurrence économique et la guerre sont des choses nécessaires et même bonnes.

Aussi la première loi naturelle est-elle la loi du plus fort, du plus combatif et du plus persévérant, que cela nous plaise ou non. Et en l'occurrence, cela plaît au cow-boy, car il est avant tout un homme fort, et qu'il en est conscient.

★

C'est un entrepreneur par nature : il aime travailler et il est confiant dans sa réussite personnelle. S'il n'est pas auto-entrepreneur ou chef d'entreprise, il en a en tous les cas l'esprit.

Il a souvent une bonne situation et de l'argent. Mais il ne le montre pas, et dépense peu. C'est un homme simple dans ses goûts, et plus généralement dans sa façon de vivre.

La semaine, il travaille dur, jusqu'à la sueur de son front, sans jamais se plaindre. Il n'aime pas les faignants : la vraie cause des maux de la société, ce sont eux. Si tout le monde se retroussait les manches, se dit-il, les choses iraient mieux ! Une crise économique se résout avec une baisse drastique des dépenses publiques et un renforcement de l'effort collectif. L'idée de « politique d'austérité » ne le gêne pas, au contraire : sa vie est l'austérité même. Il ne cesse de répéter que, lorsqu'on manque, on n'a qu'à travailler plus et se serrer la ceinture.

Il a le sens de l'amitié, mais de la vraie comme il dit, de l'amitié virile ; il n'a généralement qu'un ou deux amis, également cow-boys dans l'âme. Mais c'est toujours un solitaire, un homme de retraite, proche de la nature et des animaux. À défaut d'avoir des vaches, il a un chien. Il apprécie le calme et déteste les gens qui crient : quand on est un homme, on parle normalement.

★

Le cow-boy est pour le rétablissement du pénitencier à l'ancienne : les prisonniers devraient contribuer à l'intérêt général en trimant, au lieu de regarder la télévision ou de végéter. Et puis, il pense que le travail est non seulement nécessaire, mais qu'il est même bon, car formateur.

Le samedi soir, il aime à regarder un western ou un film de Clint Eastwood. Ces films le confortent dans l'idée selon laquelle le seul véritable déterminant tant de la vie individuelle que de la vie sociale est la volonté, la force d'âme, le courage — toutes choses qui reviennent au même. Il n'y a pas de chanceux et de malchanceux — ce sont là des idées de gauche. Il n'y a que des forts et des faibles. Seule une chose compte : la combativité.

Le cow-boy pense que le meilleur homme d'État qui soit n'est pas un idéologue mais un pragmatique, et surtout un homme de volonté. Or, bien souvent, il constate le manque de volonté des politiques : c'est pourquoi il ne les aime guère. Mais à la limite, il aimait bien Trump — précisément parce que c'était un entrepreneur et un homme fort, qui voulait faire retrouver à son pays sa grandeur d'entant, qui aspirait à de grandes choses.

Oui, le cow-boy aime la grandeur, et c'est d'ailleurs pourquoi il est attaché à sa patrie et, conjointement, à sa puissance dans le monde, qu'il associe volontiers à l'idée d'empire.

★

Il aime faire référence à la conquête de l'Ouest : elle prouve que tout est possible, du moment qu'on le veut, qu'on s'en donne les moyens. Du moment qu'on se comporte en homme. Il a en effet une conception très virile — pour ne pas dire viriliste — de la vie.

Quant aux femmes, elles sont faites pour rester à la maison, pense-t-il. Leur mission est de donner des enfants à leur mari, et de les éduquer pour qu'ils soient plus forts encore que leur père. Il a une conception stricte de l'éducation : cette dernière, juget-il, doit être austère, rigoureuse, intransigeante.

C'est que, seuls ceux qui bravent la vie avec courage tiennent. Les autres vacillent et tombent.

Mais, par-là même, il ne se soucie pas trop des autres : il estime que les gens misérables sont par définition des gens qui ont choisi la misère — non certes volontairement, mais par absence de volonté. Les mots « égalité » et « fraternité » l'amusent. Et, quand bien même il est chrétien, la charité fraternelle n'est pas sa priorité.

3. L'aristocrate

L'aristocrate n'est pas un cow-boy. Certes, comme le cow-boy, il s'estime fort. Mais, contrairement au cow-boy, il estime que cette force d'âme doit être mise au service des plus faibles : loin de mépriser ces derniers, il les aime, en bon chrétien qu'il est. Il pense qu'il doit être pour le faible ce que l'homme est pour la femme : un gardien et un protecteur.

Si le cow-boy aspire à une société de forts, l'aristocrate, lui, considère que la force d'âme est l'apanage de l'élite — de la sienne. Une société de forts et de faibles, avec une élite et un petit peuple, est bonne, car c'est seulement dans ces conditions que la charité est exerçable.

Il se considère bien sûr comme membre de l'élite. Il est généralement un aristocrate de sang — avec nom à particule. Il est toujours un aristocrate de cœur : un partisan du pouvoir des meilleurs et, surtout, un homme supérieur aux autres, conscient et fier de l'être, jaloux de sa « supériorité morale ».

Il tient en honneur les vertus très médiévales de magnificence et de magnanimité : il est naturellement généreux, et charitable en tant que chrétien. Il aime les autres, et plus particulièrement le « petit peuple français » comme il dit souvent. Il les plaint volontiers : on le sait condescendant, un peu hautain aussi. Il prendra toujours le parti du pauvre, de la veuve et de l'orphelin, mais le fera toujours en tant qu'aristocrate, et en déclarant qu'il le fait parce qu'aristocrate.

Tout ce qu'il fait, c'est en tant qu'aristocrate : il ne peut séparer son attitude du rang social qui le constitue.

★

Lors du mouvement des Gilets jaunes, il a vu en ce dernier une résurgence du vrai peuple de France, et, sans toutefois aller dans la rue — chose qui ne conviendrait pas à son rang —, il l'a soutenu. Peut-être a-t-il même fait partie de ceux qui ont tenté de récupérer le mouvement au profit d'une restauration de l'Ancien Régime…

Il aime donner et se donner, mais il veut le faire gratuitement, librement, sans qu'il y ait nécessité. Il n'aime pas recevoir. En cela, il ressemble assez à l'homme magnanime tel qu'Aristote le décrit.

Il a un côté paternaliste : il estime que les gens du peuple sont comme ses enfants, qu'il ne leur doit rien en justice — puisqu'ils sont ses inférieurs —, mais que tout ce qu'il leur donne de bon relève uniquement de la charité. De sa charité. Pour lui, un patron ne doit pas tant être juste qu'être bon.

L'aristocrate aura aussi facilement tendance à pardonner, à privilégier la miséricorde à la justice : magnanimité oblige. Il est du genre à penser qu'il est bon de toujours donner au pauvre pécheur une chance de se repentir et de se racheter. En ce sens, il n'aime pas la monarchie absolue, qu'il juge trop « autoritaire », trop arbitraire. À la justice implacable du monarque absolu, il oppose la magnanimité aristocratique. Il faut dire aussi que le roi n'a pas toujours été tendre avec les aristocrates… Mais peut-être est-ce parce que ces derniers ne lui ont pas toujours été très fidèles…

★

C'est un nostalgique de la société féodale, où le pouvoir était aux seigneurs — barons, comtes et ducs —, et où ces derniers protégeaient généreusement les paysans.

Il n'aime pas les bourgeois, qu'il juge égoïstes et étroits. Dans le fond, il en est un peu jaloux, car il sait que les bourgeois ont remplacé les aristocrates depuis le XIXe siècle ; mais bien sûr, il ne le dira jamais. Le XIXe siècle est pour lui le pire de tous, puisqu'il a été, dit-il, le siècle bourgeois par excellence.

L'aristocrate aime la bonne chère, la boisson, et surtout les femmes. Il n'a pas un grand souci de la tempérance morale : il estime, au fond, que la magnanimité rachète beaucoup de choses, à commencer par les fautes de notre pauvre et faible chair.

Il a généralement une bonne opinion de lui-même. Il est fier de sa famille, de ses origines, de ses ancêtres. Il citera volontiers ces derniers comme des exemples, même s'ils n'ont pas toujours été exemplaires.

Il se liera avec des gens de son milieu, et se mariera aussi avec une aristocrate : il ne voudrait pas avoir des enfants au sang mêlé. Les inégalités de naissance sont pour lui naturelles, et donc à respecter et à conserver. Chacun, dit-il, doit rester à la place que Dieu lui a donnée.

Mais tout cela n'est pas pour lui une question de convention bourgeoise ; non, cela relève d'une nécessité : celle de perpétuer l'élite, pour le bien de la France, pour le bien de tous. Il estime que c'est cette même élite qui restaurera, un jour, l'ordre d'Ancien Régime. Tout ce qu'il fait, il le fait pour le bien du peuple, car il estime être à son service, même si ce dernier ne le reconnaît plus aujourd'hui.

★

S'il affirme qu'il n'y a rien d'orgueilleux dans son comportement, l'aristocrate ne prétend pas non plus être humble. D'ailleurs, l'humilité n'est pas sa priorité. C'est une belle vertu, mais faite pour les petits. La vertu des grands, celle pour laquelle Dieu leur demandera des comptes, c'est la magnanimité.

Le problème, c'est qu'il a tendance à oublier l'égalité légitime, la justice distributive, c'est-à-dire le fait, pour l'autorité politique, de donner à chacun selon son mérite.

Il ne veut pas admettre que certains aristocrates de nom ont déchu de leur rang, et que d'autres qui ne sont pas officiellement aristocrates mériteraient de l'être. Il ne comprend pas — ou ne veut pas comprendre — que l'hérédité des honneurs est loin d'être compatible avec le mérite, qu'elle entraîne la facilité, la décadence morale, et qu'elle l'a, de fait, historiquement favorisée.

Il devrait méditer ces mots de Chateaubriand : « L'aristocratie a trois âges successifs : l'âge des supériorités, l'âge des privilèges et l'âge des vanités.

Sortie du premier, elle dégénère dans le second et s'éteint dans le dernier. »

4. Le tonton flingueur

Si l'aristocrate a un peu tendance à oublier la notion de mérite, le tonton flingueur, lui, en a fait au contraire à la fois le centre de sa vie personnelle et le centre de la vie sociale. Il ne cesse d'en parler : celui-ci mériterait la Légion d'honneur, celui-là un avancement, celui-là une balle dans la tête…

Patriote, sans doute. Fonctionnaire, généralement. Au service de l'État, toujours, d'une manière ou d'une autre. Il est l'aristocrate version moderne, le symbole vivant ou l'incarnation de la méritocratie. Il travaille souvent dans la politique, l'industrie de l'armement, la police ou les services secrets. C'est qu'il apprécie les métiers où règnent à la fois la culture de la force et l'esprit de corps, et où l'on sert la patrie avant tout. Évidemment, il aime bien l'armée, mais son anti-légalisme à la française fait qu'il n'y fera jamais carrière. Pour ces raisons, il se peut qu'il travaille dans le milieu du sport national, par exemple du rugby ou du football.

Le sport : voilà pour lui l'un des derniers bastions contemporains du patriotisme collectif.

Bien entendu, il aime *Les Tontons flingueurs*, *Les Barbouzes* et les autres films d'Audiard. Il aime aussi les films de mafieux, comme *Le Parrain*. Mais surtout, il aime l'esprit qui y règne : l'esprit de bande, solidaire, un peu hors la loi, mais régi par la justice, le mérite, l'honneur.

★

Sa morale est celle de la loyauté, de la fidélité à sa parole, à ses engagements, à l'État s'il est fonctionnaire, à sa bande d'amis en tous les cas. Il est sensible à la reconnaissance sociale, mais pense que c'est une chose non pas à recevoir et à conserver — contrairement à l'aristocrate —, mais plutôt à conquérir, à mériter, précisément par la fidélité dans le service. S'il est un homme reconnu dans la société, c'est — affirme-t-il — parce qu'il le mérite. Il ne pense pas qu'on doit être digne de sa position sociale *a posteriori*, mais plutôt qu'on doit la mériter *a priori*.

Il est souvent parti de rien, a réussi, et aime à fréquenter des gens qui ont eu le même parcours.

C'est un bon collègue et un bon camarade, un homme qui sait être sérieux mais qui sait aussi rire. Il n'hésite pas à mettre son poing dans la figure de celui qui insulte son ami. Il aime en outre bien boire et bien manger : pour lui, un vrai homme doit savoir apprécier les bons mets et les bons vins. Il possède une bonne cave, avec de grands crus dont il est fier. Il n'épouse une femme que si elle sait bien cuisiner.

Il a par ailleurs une haute idée du mariage : il tient comme à la prunelle de ses yeux à son épouse, l'aime et se conduit avec elle en gentleman. Il est toujours habillé en costume-cravate aux grandes occasions et sait être poli lorsqu'il le faut.

★

Pour lui, l'État moderne est par définition machiavélien, comme pour l'anar de Droite d'ailleurs ; mais, contrairement à ce dernier, il s'en contente bien. C'est un partisan de la raison d'État et de la « politique réaliste ». Un État qui fonctionne bien, affirme-t-il, c'est une bande de types sans pitié qui n'hésitent pas à flinguer la vermine — et en particulier les gauchistes. Les gauchistes, c'est-à-dire les cons. Il paraphraserait volontiers ce mot de Lino dans *Les Tontons flingueurs* : « Les gauchistes, ça ose tout : c'est même à ça qu'on les reconnaît. » Il regrette l'époque où l'État envoyait des hommes s'en occuper à leur manière.

Il aime l'esprit des années 50, où la France était libre, unie, défendant ses intérêts internationaux et ses colonies, où le « secteur noble », c'est-à-dire le secteur secondaire, l'industrie, était dominant (fait unique dans l'histoire de France), où les hommes étaient de vrais hommes et dominaient la société, où la morale et la religion étaient respectées, sans qu'elles fussent toutefois envahissantes, où la Droite dominait globalement avec un Robert Schuman, et où la gauche elle-même était raisonnable — c'est dire !

Les années 50 : voilà une période à prendre pour modèle. Toutefois, le tonton flingueur n'est pas un nostalgique : il s'adaptera à son époque.

Pour lui, l'État a deux rôles essentiels : réprimer les fauteurs de trouble et promouvoir les meilleurs ; deux rôles qui découlent d'une seule notion : la justice. Il est sensible aux honneurs, et particulièrement aux décorations de guerre, aux médailles de l'Ordre national du Mérite et de la Légion d'honneur.

Il préfère quand ce sont des militaires au pouvoir : pas d'idéologie, juste de l'efficacité. Il aime bien les régimes militaires : l'Espagne de Franco, le Brésil de Branco, et même la France du général de Gaulle. Avec les militaires, ça ne bavarde pas, non, ça agit. Pas de blablas. En ce sens, il apprécie également les régimes d'un Bachar el-Assad ou d'un Poutine.

★

S'il fait de la politique, ce sera plutôt à l'échelon local, communal par exemple. Maire : voilà une responsabilité politique qui permet, encore aujourd'hui, de faire bouger les choses. S'il n'est pas lui-même maire, il s'entendra toujours bien avec le maire de sa commune. Mais il espérera bien l'être aussi un jour, pour faire avancer le binz !

S'il a fait son service militaire, il en garde un excellent souvenir. Il est partisan de son rétablissement : ça redonnait aux jeunes le sens de l'amour de la patrie et surtout du service. Il a gardé contact avec certains de ses anciens camarades... et il a aussi gardé quelques armes chez lui.

Il aime les polices secrètes, les milices secrètes, les services secrets. Il est fasciné autant par l'OAS que par les barbouzes. Mais il aime quand cela est fait avec classe. C'est pourquoi il n'aime pas les Américains, qu'il considère comme des beaufs. Quand on s'occupe des gens, on le fait proprement.

Cependant, il faut bien dire qu'il manque d'idéal : il vit un peu trop dans le présent et le concret pour cela. On aimerait qu'il soit un peu plus idéaliste.

5. Le réac romantique

Le réac romantique est, en un sens, l'opposé du tonton flingueur. Ce dernier se marre dès qu'on lui parle d'idéal, alors que le romantique, lui, est par définition un idéaliste. Non pas au sens où il rejetterait le réel, bien sûr — sans quoi il serait tout simplement un homme de gauche. Mais dans le sens où il aspire à une société parfaite, utopique, qui, d'après lui, a plus ou moins existé dans le passé — et c'est en cela qu'il est réactionnaire.

Si le réac pessimiste est généralement peu apprécié, le réac romantique, lui, est bien aimé de tous, quels que soient les camps.

À Droite, on aime le prendre pour référence ou l'avoir pour ami, même si on ne partage pas toutes ses idées. À gauche, on en rigole un peu, mais ce n'est jamais avec méchanceté, car le romantique n'est vraiment pas dangereux ! Dans tous les cas, on le considère avec une sorte d'admiration étonnée mêlée de compassion amusée.

Il est un peu le vieil objet baroque de l'arrière-grand-mère qu'on croyait disparu, mais qu'on retrouve un jour au fond d'un vieux grenier, au milieu d'un tas de bouquins jaunis et poussiéreux. On est content de le retrouver, mais c'est uniquement pour le déposer dans la commode étiquetée « objets inutiles mais jolis », avec la machine à écrire et la pendule qui ne marchent plus.

C'est une espèce rare, en voie de disparition. Cependant, il en existe encore, et à dire vrai l'on ne sait trop comment la chose est possible.

★

Le réactionnaire romantique est un nostalgique affiché du « bon vieux temps », comme il aime à dire — bien qu'il n'ait jamais connu ce temps. Il aimerait retourner en arrière, si c'était possible, car il estime que le passé était mille fois meilleur que le présent — lui qui, pourtant, n'a pas beaucoup de soucis dans sa vie…

Mais, précisément, il idéalise volontiers ce même passé. À l'en croire, ce dernier n'avait aucun défaut. Tout y était parfait. C'était l'Utopie de Thomas More — l'idée d'« utopie » en moins. On ne l'entendra rarement, sinon jamais, critiquer l'un ou l'autre aspect de cet ancien monde, de l'Ancien Régime. Au contraire, on l'entendra toujours vanter ses mérites, sa noblesse, sa beauté.

Généralement, il est monarchiste, royaliste et — pour être plus exact — légitimiste. Il pense que la France, la véritable, « l'âme de la France » comme il dit, a plus ou moins arrêté de vivre en 1789 — ou en 1830 s'il est plus modéré. Et il estime que cette chère France ne sera de nouveau elle-même que lorsqu'elle se sera enfin réconciliée avec son passé monarchique, et surtout lorsqu'elle aura de nouveau à sa tête un Roi, un Bourbon, ou à défaut quelqu'un qui en soit digne.

Il a les portraits de Louis XVI et de Marie-Antoinette dans son salon, et leurs testaments encadrés dans son bureau. Il se reconnaît bien en Chateaubriand, écoute les chants de Botrel en buvant son apéritif, lit Raspail avant de se coucher, s'endort en pensant à la sainte Ampoule.

Il s'est rendu la larme à l'œil à l'enterrement de l'auteur royaliste : une page de l'histoire s'est de nouveau fermée, déclare-t-il avec mélancolie. Les meilleurs partent. Ceux qui avaient le plus d'idéal.

★

Malgré cela, il continue à croire à la restauration de la monarchie. Il va à la messe pour le Roi tous les 21 janvier (à la messe tridentine, en latin, bien entendu), et le fait de voir d'autres personnes lui donne de l'espoir, lui fait penser que tout n'est pas perdu. Oui, il garde l'espoir, ou plutôt l'Espérance — cette vertu surnaturelle qui reste quand tout espoir purement humain est perdu, quand les hommes, la raison, la réalité elle-même se sont ligués pour nous faire tous désespérer.

Il chante toujours « Et vive le Roi, à bas la République ! » le 30 mai en allant se recueillir devant la statue de Jeanne d'Arc, place des Pyramides. Grâce à Dieu, la Gueuse a accepté d'en faire la fête du patriotisme (même si elle l'a décalée au deuxième dimanche de mai). Il croit plus ou moins en une intervention surnaturelle de la Pucelle d'Orléans : elle est, après tout, la Patronne de la France !

Et puis, la France est la « Fille aînée de l'Église » : elle ressuscitera un jour et revivra, c'est sûr ! Dieu ne peut pas la laisser tomber. Les portes de l'Enfer ne prévaudront jamais définitivement contre elle.

★

À la vérité, le réactionnaire romantique est plus romantique que réactionnaire, moins militant que rêveur. Il est, en effet, un peu déconnecté de la réalité, qu'on le considère sous l'angle du tempérament — on aimerait parfois qu'il ait un peu plus de problèmes dans sa vie, pour qu'il soit plus dans le réel —, ou sous l'angle de la raison — il a toujours des idées un peu baroques.

Il ne veut pas tenir compte du fait qu'on est en 2021, et que 99 % de la population française se contrefiche — malheureusement — de Louis XVI et de la monarchie de droit divin. Lui, *il y croit*, contre vents et marées : un jour surviendront un nouveau saint Louis et une nouvelle Marguerite, et ils restaureront la France. Et qui sait, peut-être a-t-il raison ?

Il est animé par un idéal, et c'est un grand atout, il est vrai. Mais ce dernier n'est quand même pas très réaliste. D'abord, au sens où il n'est *plus* réaliste, c'est-à-dire plus d'actualité. Ensuite, parce que le passé lui-même n'a jamais correspondu à cet idéal, à l'idée que s'en fait le réac romantique.

Il devrait faire siens ces mots de Raspail : « Quand on représente une cause perdue, il faut sonner de la trompette, sauter sur son cheval et tenter la dernière sortie, faute de quoi l'on meurt de vieillesse triste au fond de la forteresse oubliée que personne n'assiège plus car la vie s'en est allée ailleurs. »

6. Le facho

Dans l'imaginaire collectif, on imagine presque spontanément un gobelin à la Tolkien, un « orque », un humanoïde à l'aspect repoussant et aux mœurs barbares, mâchoire crispée, dents serrées, poussant des grognements et levant les poings. Il est l'ennemi universel. Le type qu'on ne peut pas être, qu'on n'a *pas le droit* d'être. Pourquoi ? Parce qu'il se refuse à croire au bonheur en ce monde.

Et en effet, s'il y en a bien un qui ne croit pas au paradis sur terre, qui ne se fait d'illusions ni sur le passé ni sur le futur, qui est foncièrement réaliste — sans toutefois être pessimiste, mais les deux sont souvent confondus —, c'est bien le facho.

Nous disons le *facho*, et non le *fasciste*, car ce n'est pas tant une doctrine qu'une attitude qui le caractérise : son réalisme. Il est l'homme des « c'est ainsi et pas autrement ». Il croit fermement, plus que tous les autres, en l'existence d'une réalité ou d'une nature qui s'impose aux hommes, d'un droit naturel, d'un ordre naturel. Et s'il n'a pas forcément les mots, il a l'intuition de ces choses.

On le traite de facho, tant à gauche qu'à Droite, et il en est fier car, oui, il est facho. S'il a pu rejeter l'étiquette durant un temps, il a fini par comprendre qu'elle n'était pas une insulte mais au contraire un compliment. « Facho », « fachosphère », « facho-land »… ces mots ne lui font plus peur.

Peut-être a-t-il même fini par apprécier à sa juste valeur l'appellation « fasciste » : après tout, si la gauche a fait du fascisme le mal par excellence, c'est peut-être parce que le fascisme est le pire ennemi de la gauche, de la modernité, de la décadence, et donc qu'il constitue la véritable Droite.

★

Certes, il n'a pas nécessairement lu *La Doctrine du fascisme* de Mussolini ; il n'a peut-être même jamais entendu parler de Giovanni Gentile ; il ne connaît pas l'histoire du régime fasciste du bout des doigts. Mais il est fasciste : ça, il en est sûr.

Cette certitude relève moins du raisonnement que de l'intuition pneumatique. En d'autres termes, il ne sait pas forcément définir le fascisme, dire ce qu'il est, mais il peut dire ce qu'il n'est pas : le désordre, la rêverie, la mollesse, la décadence, le bordel social, la révolte, le mépris de tout ce qui a de la valeur, la crasse, les marécages, la boue.

Il est animé par l'idée d'honneur, au sens de fidélité à son devoir politique, c'est-à-dire à son devoir de servir la Cité. Car, pour lui, l'individu n'est rien en dehors de l'État, de la Cité. La personne humaine n'a aucune existence réelle dans la vie humaine, prise isolément.

★

C'est un antimoderne acharné, qu'il soit jeune ou moins jeune. Il est à peu près contre tout, sauf ce qui correspond encore à l'ordre naturel. Mais, pour lui, la société contemporaine est fondamentalement pourrie : c'est pourquoi il faut la changer de fond en comble. En ce sens, il se dit volontiers favorable à une révolution. Cependant, la révolution qu'il veut est une « Révolution nationale », profondément réactionnaire : elle consiste à remettre les choses à l'endroit, à restaurer l'ordre détruit par 1789 : « Nous représentons un principe nouveau dans le monde, nous représentons l'antithèse nette, catégorique, définitive de la démocratie, de la ploutocratie, de la maçonnerie, en un mot de tout le monde des immortels principes de 1789 » (Mussolini, discours du 7 avril 1926).

L'« homme nouveau » auquel il aspire n'est autre qu'un homme qui correspondrait, de nouveau, à ce que *doit* être l'homme, c'est-à-dire à ce qu'*est* l'homme dans sa nature profonde : un *animal raisonnable*. En cela, le facho s'oppose tant à ceux qui nient la nature animale de l'homme — avec ses lois, ses nécessités, ses instincts — qu'à ceux qui nient sa rationalité — la morale, la spiritualité, la religion. Car il sait qu'en niant l'un ou l'autre de ces aspects, on aboutit à l'absence de responsabilité : si l'homme est un pur animal, il n'est pas libre, et donc pas responsable de ses actes ; et s'il est une pure liberté indéterminée, alors il n'a aucune obligation mises à part celles qu'il se donne lui-même, il n'est pas *objectivement* responsable.

Oui, le facho croit profondément en la responsabilité morale de l'homme, qu'il conçoit comme le devoir de réaliser un monde véritablement humain.

★

C'est un homme de devoir. Il n'aime pas les revendicateurs de droits, les droit-de-l'hommistes, bref, les gauchistes. Et il hait les antifas, qui en sont le prototype. Les antifas sont pour lui la pire race qui soit. S'il était au pouvoir, il les enverrait tous dans des camps de rééducation.

Le facho rêve d'un État autoritaire, d'une dictature même — il n'a pas peur du mot —, où tout serait en ordre, où les gens se lèveraient tous les matins à la même heure pour aller travailler, où il n'y aurait jamais un papier par terre, où les hommes seraient tous des guerriers dans l'âme et les femmes des femmes au foyer, où les jeunes seraient encadrés dans des mouvements qui leur apprendraient le sens de l'effort et de l'honneur, où la religion catholique — inséparable du fascisme authentique — serait reconnue religion d'État, où les personnes se salueraient en levant le bras droit et où l'uniforme national serait obligatoire pour tous aux grands jours de fête.

Il rêve d'une police qui serait présente à tous les coins de rue et qui assurerait l'ordre. De milices qui s'occuperaient des perturbateurs. De camps de rééducation pour les gauchistes de base. D'une mise à l'écart définitive de la société — de l'exil à la romaine — pour tous les vrais responsables du désordre actuel.

★

Il aimerait rétablir aussi un Empire européen, qui soit un mixte entre l'Empire romain et le Saint-Empire romain germanique. Qui conjugue les deux esprits de la romanité et de la catholicité. Qui établisse enfin l'ordre occidental, l'ordre nouveau.

Le facho aime l'ordre, l'ordre avant tout. Il en oublie, parfois, un peu la liberté, la vraie : celle qui fait qu'un acte est proprement moral, que l'accomplissement du devoir est méritoire. Il sait que l'homme a une intelligence, et pourtant il omet qu'en tant qu'intelligent, cet homme est doté de liberté, de cette faculté qui fait que la personne est supérieure à une abeille, et la société humaine à une ruche.

Il a tendance à oublier que le fascisme originel, le fascisme italien, était une doctrine de la liberté authentique.

7. L'anar de Droite

C'est un spécimen rare, assez étrange, parfois même un peu amusant. Il est en outre légèrement contradictoire : comme le fasciste, il veut l'ordre — en tout cas un certain ordre —, mais, contrairement au fasciste, c'est un amoureux inconditionnel de la liberté.

Ou plutôt, de *sa* liberté. Car les grandes idées — celles auxquelles les gauchistes mettent une majuscule — le répugnent.

Il est difficile de parler des anars de Droite comme d'une catégorie puisque, par définition, ils refusent toute étiquette, à commencer par celle dont on les affuble. Ce ne sont ni des fachos, ni des anarchistes. Les anars de Droite sont des indépendants, aussi différents les uns des autres. Et ils font toujours en sorte de se distinguer des autres, y compris, et même surtout, de ceux qui leur ressemblent le plus.

Cependant, on peut trouver chez ces hommes un certain nombre de points communs qui permettent de dresser, tant bien que mal, un portrait du cas qui nous occupe.

★

La première référence de l'anar de Droite est sans aucun doute Céline. Il aime « l'esprit des années 30 », à la fois révolutionnaire et conservateur. Il apprécie à peu près tous les écrivains collabos — de Brasillach à Rebatet en passant par Drieu la Rochelle —, parce qu'il les trouve bons écrivains, mais surtout pour le simple plaisir de choquer. Il aime les films de Jean Gabin, les dialogues d'Audiard, les livres de Michel Houellebecq.

Qu'il soit tendre ou abrasif, c'est un fait établi : l'anar de Droite se moque de tout, conchie tout. « Sur ma tombe, une seule épitaphe : Non ! », écrivait Céline à la fin de sa vie.

C'est un misanthrope et un cynique affiché.

Un misanthrope d'abord. L'anar de Droite n'aime pas ses semblables. C'est un antirousseauiste. Il fera volontiers sien le mot de Céline : « L'ignoble imposture de Jean-Jacques : l'homme est bon. »

L'anar de Droite a en outre des vertus civiques plutôt ténues. Déçu par la nature humaine, il se laisse porter par le plaisir jubilatoire de choquer le bourgeois convenable et poli. Il n'aime pas les conventions. Il est viscéralement, passionnément anti-conformiste. Car il estime que le conformisme est par essence hypocrite. Or, lui a fait de l'honnêteté, de la sincérité, de la franchise, sa première loi.

Un cynique ensuite. Un insolent. Dans son amour inconditionnel de la liberté et dans son refus conjoint de s'assujettir aux conventions, l'anarchiste de Droite moque la démocratie, la république et ses « valeurs », la société bourgeoise... Il va jusqu'à dire que l'institution étatique est en soi pourrie, que la société établie est par nature pourrie...

Mais, en réalité, ce n'est pas tant la société en elle-même qui le répugne que la société *moderne*, démocratique et hypocrite. Cependant, comme il n'est pas très optimiste, il a définitivement condamné la société. Il vomit la classe politique, ses hommes, ses règles et ses codes. Il méprise tant les « intellectuels » que les masses abruties — les moutons — qui font la démocratie. Il estime que cette dernière est par essence totalitaire.

★

Il a une profonde horreur des foules. Le terme même de « foule » lui donne envie de vomir.

Au fond, l'anar de Droite est un peu un aristocrate dans l'âme. Il cultive un certain raffinement. Une forme d'élégance antibourgeoise, chevaleresque, aristocratique : « Ils me prennent pour un primitif, pour un gauche, pour un fruste. Or, je suis un raffiné, un aristocrate… », écrit Céline.

Cependant, l'anar de Droite est un solitaire et méprise tous les types d'honneurs. Son aristocratisme n'a donc rien de mondain : « Je n'aime pas ce qui est commun. Je n'aime pas ce qui est vulgaire. Je veux dire qu'une prison est une chose distinguée, parce que l'homme y souffre… Tandis que la fête à Neuilly est une chose très vulgaire, parce que l'homme s'y réjouit » (Céline).

Son « éthique aristocratique » est assez stoïcienne. On se demande parfois s'il n'aime pas la souffrance, pour le simple plaisir d'être fort, de la supporter.

★

En tout cas, il a une haute idée de la morale — parfois même de la religion —, même s'il ne veut pas toujours l'admettre. C'est juste qu'il ne la conçoit pas comme on la conçoit habituellement, c'est-à-dire comme un ensemble de règles, mais comme un engagement libre, personnel, procédant du « Moi ».

Le véritable honneur, déclare-t-il, est la fidélité à soi, à ses résolutions personnelles.

Oui, il aime la liberté. Mais, contrairement à l'homme de gauche, il ne conçoit pas la liberté indépendamment de la morale. Pour lui, la liberté est essentiellement morale, finalisée par le bien.

Refusant l'irréligiosité de gauche, il sympathisera volontiers avec le curé même s'il est incroyant. Pour choquer les laïcards, dira-t-il publiquement. Mais, dans le fond, c'est parce qu'il a un profond respect pour ces hommes, dont la liberté va jusqu'à mépriser et sacrifier tout ce qui est important aux yeux du monde — femme, argent, rang social, etc. — au nom d'un idéal. En fait, il admire leur irrationnelle grandeur. Leur folie.

★

Alors comment définir l'anar de Droite ?

« Je suis un mélange d'anarchiste et de conservateur, dans des proportions qui restent à déterminer », lâche fièrement Jean Gabin dans *Le Président* d'Henri Verneuil. L'autoportrait de Michel Houellebecq précise la définition : « Nihiliste, réactionnaire, cynique, raciste et misogyne honteux : ce serait encore me faire trop d'honneur que de me ranger dans la peu ragoûtante famille des anar-chistes de droite. »

Radicalement, l'anar de Droite veut l'ordre moral — car il est de Droite —, mais il le veut sans l'autorité.

Peut-être a-t-il oublié que c'est l'autorité qui fait l'ordre… ?

8. Le mili

Contrairement à l'anar de Droite, il est fasciné par l'autorité : cette dernière est d'après lui quelque chose de bon par nature. Le syllogisme est simple : pas de société sans ordre, or pas d'ordre sans autorité, donc pas de société sans autorité. Il n'y a pas à tergiverser : c'est une évidence.

Autorité, commandement, ordre, hiérarchie, respect, subordination, obéissance : il ne cesse d'avoir ces mots à la bouche.

Homme de discipline, sans doute. Militaire de carrière, généralement. Amoureux de l'armée, de ses valeurs et de ses traditions, toujours. Plus qu'un militaire du quotidien, c'est un militaire dans l'âme. Un « mili », qu'on l'appelle en argot.

Il aime de tout son cœur sa patrie — la France pour les Français. Il tient en honneur le drapeau, l'hymne national, le régime en place, quand bien même tout ceci serait d'origine révolutionnaire. Cependant, si un nouveau régime naissait, qui servirait mieux la patrie, alors le mili le soutiendrait.

★

Il a les cheveux coupés ras, la barbe impeccablement rasée. Il est habillé simplement mais proprement. Lorsqu'il enlève ses chaussures, c'est pour les ranger ensuite côte à côte, de manière parallèle. Ses affaires personnelles sont toujours en ordre. Il a la voix grave, parle de manière grave. Il n'aime pas dire des âneries, il a peu de sens de l'humour. Il n'a jamais froid : « sensation de civil » ou « interprétation bourgeoise de la température » dira-t-il. Il n'aime pas la faiblesse : comme on dit chez les chasseurs alpins, « si tu tombes, c'est la chute ; si tu chutes, c'est la tombe ».

Il écoute régulièrement les chants de promotion de Saint-Cyr : ces chants lui donnent de la force. Il en connaît d'ailleurs la moitié par cœur. Il fait en sorte d'assister aux Triomphes — surtout à ceux de ses amis. Qu'il soit chrétien ou non, il a une dévotion particulière pour saint Michel.

Il fait un peu peur. Dans une société caractérisée par la mollesse, l'hédonisme, le rejet de toute hiérarchie et de toute loi, il est l'incarnation de la force de caractère, de l'austérité, de la discipline. Les civils sont un peu étonnés : comment, au XXIe siècle, des gens peuvent-ils encore vivre avec les mêmes règles qu'il y a deux cents ans ? Et surtout, comment peuvent-ils se battre au risque de perdre leur vie… ?

Quant aux politiques, ils vantent les mérites des militaires en public — surtout lorsque l'un d'eux est mort en héros pour la patrie —, mais ils les moquent en privé. Et surtout, ils s'en méfient. Car ils savent que nombre de ces hommes n'ont pas du tout la même vision des choses qu'eux.

★

« Militaire », mine de rien, est un peu devenu synonyme de « facho ». Quand des groupes scouts ont un mode de vie paramilitaire, ont dit qu'ils sont

fachos. Quand des mouvements de jeunesse politiques sont très disciplinés, on dit qu'ils sont fachos.
Quand un homme a des portraits de militaires chez
lui, il est facho. Quand un père de famille achète des
soldats de plomb à ses garçons, il est facho. Quand
un général ouvre la bouche pour dénoncer quelque
chose, les journalistes disent : attention, il est facho.

Bref, dans la mesure où « facho » n'est pas
aujourd'hui le premier des compliments, il faut en
conclure que l'armée n'est pas appréciée. Qu'elle
est tenue comme dangereuse pour le progrès…

Et ce n'est pas le mili qui le niera.

Le mili considère que l'armée est le seul véritable corps social qui tienne bon aujourd'hui, parce
que le seul où l'autorité y est toujours respectée.
C'est pourquoi il met tous ses espoirs dans l'armée.
Un jour, des généraux prendront le pouvoir, par des
moyens légaux ou par un coup d'État, et ils rétabli-
ront enfin l'ordre : il en est certain.

Et puis, la Légion étrangère sera du bon côté,
cela ne fait aucun doute : ces hommes ont toujours
servi la France, et ils la serviront toujours.

Et avec la Légion étrangère, les Commandos
marine. Eux aussi, on peut compter sur eux.

★

S'il est dans l'armée, il passera le peu de temps
libre qu'il a à en faire la promotion, sur Facebook,
ou dans des bouquins s'il est haut gradé et qu'il sait
écrire. Mais, s'il n'est pas lui-même militaire, il fera
toujours référence à une personne de sa famille qui
l'est — son père, son oncle — ou qui l'a jadis été —

Robert, l'arrière-grand-père du cousin issu de germain de sa grand-tante Marie-Jeanne.

Pour lui, l'esprit militaire est indissociable de l'esprit de famille. On n'est pas militaire tout seul : on appartient à une famille de militaires ou, à défaut, on veut fonder une famille de militaires. Car l'armée n'est pas seulement un travail, une occupation à temps partiel : c'est un état d'esprit. C'est toute une vie.

Les personnes qu'il admire : Pétain, Franco, Hélie de Saint Marc, le général de Villiers. Ces hommes-là étaient de grands officiers, et ils ont servi leur patrie comme il se devait, c'est-à-dire comme des officiers. Comme des hommes d'honneur.

Mais attention : le mili se méfie des grandes idées, et surtout il se méfie des intellectuels. C'est un homme d'action, et non de réflexion. Il veut combattre, et non avoir une quelconque doctrine.

Il ne comprend pas que toute autorité, tout régime, tout ordre politique doit accoucher d'une doctrine pour durer.

9. Le penseur de Droite

Il est de Droite, mais premièrement pour des raisons intellectuelles, philosophiques. Pour lui, la notion de Droite est d'ailleurs une notion philosophique avant d'être un concept politique ou même moral. On est de Droite parce qu'on a une tête bien faite, qu'on en soit d'ailleurs conscient ou non. On est de gauche parce qu'on est tordu — intellectuellement.

Il préfère l'appellation de philosophe à celle d'intellectuel, car elle lui paraît renvoyer à quelque chose de plus objectif.

Le philosophe, explique-t-il, est celui qui aime la sagesse, c'est-à-dire qui a le goût du réel : il n'invente rien. Alors que l'« intellectuel » fait tourner son intelligence dans le vide : il est déconnecté du réel. Les hommes de Droite qui réfléchissent sont des philosophes. Alors que les hommes de gauche sont des intellectuels.

De plus, le philosophe se fiche bien de savoir si la société est d'accord ou pas avec lui. Alors que l'intellectuel, lui, est lié à l'évolution de la société, pense en fonction d'elle, pense d'après elle. Le premier tire sa légitimité de l'immuable Vérité. Le second, de la très fluctuante opinion publique.

★

Le penseur de Droite écrit généralement des articles dans quelques journaux dissidents qui veulent bien lui ouvrir leurs colonnes ; parfois même il écrit de bons livres. Il peut être romancier comme Céline, historien comme Halévy, philosophe comme De Corte ; ou même tout à la fois.

Contrairement à l'intellectuel de gauche, il ne méprise pas les gens qui ne sont pas des penseurs. Il sait en effet que la nature ne donne pas à tous les mêmes aptitudes, et que cela n'est pas dû au hasard, mais au contraire à la nature organique de la Cité qui réclame qu'il y ait inégalité de talents. Il sait en outre que les avancées politiques nécessitent non seulement des « prises de conscience », mais aussi des actes.

Il a par ailleurs une sainte horreur de la vulgarisation. Il ne prétend pas s'adresser à tout le monde. Il s'adresse, dit-il, à l'élite.

★

Il estime que le salut de la Droite viendra avant tout d'une pensée solide, d'une philosophie systématique. Il est convaincu, à la suite d'un Bardèche, que, si la Droite a échoué, c'est avant tout pour des raisons doctrinales : c'est que, contrairement à la gauche, elle ne s'est pas encore armée d'une doctrine incontestable, et reconnue de tous ses partisans.

Il rêve de réaliser l'unité de la Droite (de la Droite authentique bien sûr), ou en tout cas d'y contribuer, par ses écrits. Car il sait que la Droite ne vaincra que lorsqu'elle sera enfin réunie.

Mais s'il est un peu réaliste — ce qu'il est nécessairement en tant que philosophe de Droite —, il ne

peut pas ne pas constater que cette unité relève quasiment de l'utopie. Alors, il en devient pessimiste.
Et c'est d'ailleurs l'une des grandes caractéristiques
du penseur de Droite, contrairement à celui de
gauche : il constate un tel écart entre l'idéal et le réel
qu'il ne peut qu'en être pessimiste.

À gauche, on ne croit pas au réel, on pense donc
plus ou moins que n'importe quel idéal peut s'incar-
ner où et quand on veut, et surtout comme on veut :
il n'y a pas de matière seconde à laquelle il faudrait
s'adapter, mais seulement une matière première,
sans forme, absolument indéterminée, bref une pure
puissance (et ceci se retrouve d'ailleurs tant en politique qu'en morale ou en art).

Alors qu'à Droite, on croit en l'existence d'une
réalité qui s'impose à nous. De sorte que l'homme
de Droite qui aspire à de grands idéaux ne peut
qu'éprouver de la méfiance spontanée à l'égard de
toutes les actions politiques, et surtout à l'égard de
celles qui prétendent tout résoudre du jour au len-
demain.

Or, tel est bien le penseur de Droite. Et il n'est
pas rare, en ce sens, de le voir cultiver un certain
défaitisme esthétique à la Houellebecq.

★

Le type penseur n'est globalement pas très
apprécié par les autres hommes de Droite, qui sont
avant tout des hommes d'action, de combat, et qui
se définissent comme tels. Il en est d'ailleurs conscient.

À gauche, on adule les penseurs. À Droite, on s'en méfie. Le penseur de Droite pourrait cesser d'être à Droite, mais son honneur — qui est d'après lui fidélité à la Vérité — lui interdit. Il pourrait aussi cesser d'être philosophe, mais, cette fois, c'est la conviction que son travail n'est pas tout à fait inutile qui le retient.

Et de fait, son travail n'est pas inutile. Seulement, les penseurs de Droite ne sont reconnus qu'après leur mort — il n'est qu'à regarder l'histoire : car, à Droite, on préfère le passé à l'avenir, on se méfie moins des morts que des vivants…

Mais, comme tous ceux qui passent leur vie à penser, il faut aussi dire que notre intellectuel a tendance à perdre le sens du combat. Bien qu'il le sache en théorie, il oublie souvent, dans la pratique, que la pensée n'existe pas sans l'action, parce que la pensée — pour l'homme — est réflexion, qu'elle n'est pas immédiate. Que nous ne pensons donc le politique qu'en tant que nous le faisons ; en d'autres termes, que c'est notre action politique que nous pensons.

Il devrait méditer ce mot de Kipling : « Si tu sais penser, sans n'être qu'un penseur »…

10. Le militant faf

Il est jeune. Contrairement au penseur, c'est un actif. Il se définit comme « faf » (acronyme signifiant « France aux Français ») et on l'appelle ainsi.

Il a fait du combat politique, ou plutôt du militantisme (forme bien particulière d'action politique) le cœur de sa vie. Il tracte, colle des affiches, se bat contre les gauchistes, se fait courser par les flics. Il a souvent fait de longues gardes à vue — GAV pour les intimes —, et il en est fier : c'est comme ça, dit-il, qu'il s'est forgé. Elles ont surtout renforcé sa haine radicale du système établi.

Il a aussi fréquenté le FNJ — passage obligé —, même s'il trouvait le FN trop « mou ». Chaque 1er mai, il défile avec Le Pen après avoir braillé « Jean-Marie, Président ! » devant la statue de Jeanne.

★

C'est un optimiste de cœur. Il croit en l'avenir. Non pas dans le système électoral démocratique, qui est pourri. Mais dans un putsch populaire, oui. Il a cru qu'un tel putsch adviendrait lors du Jour de colère, ou encore lors du mouvement des Gilets jaunes : les autorités elles-mêmes en avaient peur, et la preuve en est qu'elles déployèrent à chaque fois un dispositif policier inouï. Et, même s'il ne s'est rien passé ces fois, il espère que les divers mouvements contestataires s'uniront bientôt pour renverser ensemble le pouvoir, par la force des armes et des poings.

Pour lui, le peuple a encore du bon. Il lui fait confiance pour renverser le pouvoir en place lorsque ce sera le moment.

Mais le militant faf n'est pas seulement putschiste : il est aussi révolutionnaire. Et il n'hésite pas à se dire tel. Il est d'ailleurs quasiment, des hommes de Droite, le seul à accepter une telle appellation.

D'abord, il se méfie des flics, des gendarmes, et parfois même des militaires : tous ces gens, pense-t-il, sont trop soumis à la République pour soutenir un autre régime. Ensuite, il estime plus ou moins qu'il faudrait, une fois le pouvoir pris, mettre un dixième de la population sous les fers, sinon même les éliminer purement et simplement. Quand on veut mettre fin à la vie d'un système, on commence par mettre fin à celle de ceux qui en sont les garants : les politiques, les intellectuels, les journalistes (surtout ceux de BFM), et même une partie des bourgeois.

Pour lui, « bourgeois » est la pire insulte qui soit. Mais attention : il comprend « bourgeois » d'une manière particulière. Ce qu'il entend par ce mot n'est ni un certain niveau économique, encore moins un rang social, mais l'état d'esprit qu'il y a derrière : la mollesse, l'individualisme, l'absence d'idéal, bref l'« égoïsme tranquille », pour reprendre l'expression de la chanson d'Hexagone.

★

Il fait de la musculation pour être fort — physiquement, mais surtout mentalement. Il fait de la boxe pour se bastonner. Il aime refaire le monde avec ses amis autour d'une bonne bière, dans des bars fréquentés quasi exclusivement par des camarades aux mêmes idées et au même combat. Il aime boire et manger et, généralement, n'est pas étouffé par le souci de la chasteté…

Il participe à toutes les manifestations possibles, surtout à celles où des affrontements sont probables. De manière générale, ce ne sont pas les bâtiments qui l'intéressent — ils ne sont pas les responsables du système pourri — mais ses ennemis, flics et gauchistes en tête — les gauchistes étant d'ailleurs souvent, remarque-t-il, des fils de bourgeois.

S'il est pris par les bleus, il fera toujours en sorte de leur mener la vie dure en garde à vue : de toute manière, il sait que ce ne sont pas eux qui décideront de son sort, mais le juge. Face à ce dernier, il se montrera impassible, à la fois assuré et poli. Mais au fond de lui, il se dira que le juge est le premier qu'on viendra chercher au jour de la grande révolte. Car il déteste bien plus les magistrats de la République que ses policiers : les seconds sont des pions obéissants, alors que les premiers ont vraiment le pouvoir. Et puis, ils sont tous à gauche, en témoigne le syndicat de la magistrature.

D'ailleurs, le faf n'aime pas les juges tout court : il préfère la justice spontanée. Quand on a un problème, on le règle soi-même si on est un homme — c'est-à-dire si on a de l'honneur. Il aimerait bien tous leur mettre une balle dans la tête. En attendant, il se contente de passer à tabac les gauchistes et les flics.

Chacun son tour. Un jour viendra celui des juges — Brasillach l'a même mis en vers ! Mais le faf ne connaît pas Brasillach…

★

C'est qu'avec tout cela, avouons-le, le faf ne prend pas beaucoup de temps pour s'instruire et pour lire.

Il connaît peu son histoire… Il sait à la limite que la Marche sur Rome a permis l'arrivée au pouvoir du bon camp — de la Droite — en Italie, mais il oublie que le même camp a perdu, en France, en 1934, 1944, 1962, 1968… et que l'Italie de Mussolini est morte depuis longtemps — même si Casa Pound continue à distribuer des vivres aux pauvres, en l'honneur de la fondation de Rome, des 100 ans du fascisme et des spaghettis à la carbonara.

Mais surtout, son militantisme révolutionnaire lui fait oublier l'un des aspects fondamentaux de la pensée de Droite. Cet élément sans lequel il n'est de solide confiance en l'avenir.

La tradition.

III. ANALYSE PHILOSOPHIQUE

Ainsi, le réac pessimiste rappelle la nécessité de la tradition au militant révolutionnaire, et ce dernier, celle de la confiance en l'avenir ;

Le cow-boy rappelle l'impératif du mérite à l'aristocrate chrétien, et l'aristocrate chrétien, celle de la charité ;

Le tonton flingueur rappelle l'importance de la réalité au réac romantique, et le réac romantique, celle de l'idéal ;

Le facho rappelle la primauté chronologique de l'ordre à l'anar de Droite, et l'anar de Droite, celle, ontologique, de la liberté ;

Enfin, le militaire rappelle l'indispensabilité de l'action au penseur de Droite, et le penseur, celle de la réflexion.

En fait, les dix ont quelque chose à apporter aux autres… et, surtout, à apprendre des autres. Car chacun a mal considéré l'un des moyens qui permettent à la société politique de parvenir à sa fin, soit en étant tenté de griller une étape — comme l'homme de gauche —, soit en ne voyant pas les choses dans leur complexité, dans leur complétude. Certains ont en effet négligé l'un des moyens — le mérite, l'ordre, la réalité, la grandeur ou force d'âme, la tradition —, d'autres ont oublié l'une des finalités de ces moyens — la fraternité, la liberté, l'idéal, la pensée, la confiance en l'avenir. Les premiers (aristocrate chrétien, anar de Droite, réac romantique, penseur de Droite, faf révolutionnaire) ont un élément lévogyre dans leur vision des choses ; les seconds (cow-boy, facho, tonton flingueur, militaire, réac pessimiste) sont un peu « étroits » — ce qui constitue, il faut le dire, le grand danger pour tout homme de Droite.

Il s'agit donc pour chacun d'être *rien qu'à Droite et tout à Droite*, c'est-à-dire sans élément lévogyre ni vision incomplète des choses.

★

Certes, il est bien dur de sortir d'une personnalité que l'on s'est construite. Il y a quelque chose de facile à se dire « par nature » aristocrate, anar de Droite, ou romantique : car alors, on n'a pas à se corriger.

Il y a aussi dans cette attitude quelque chose de faussement esthétique, de coquet : on veut être unique. C'est un peu comme celui qui se dit « par nature » colérique, ou flegmatique, et qui se contente de ce tempérament — non seulement de ses qualités, mais aussi de ses vices. On se persuade ainsi qu'on est unique, ce qui est d'ailleurs toujours faux.

Mais, outre le fait que cette attitude est moralement imparfaite, elle est, en politique, néfaste pour l'unité de la Droite. Cette attitude se rencontre d'ailleurs malheureusement davantage à Droite qu'à gauche ; peut-être est-ce dû au fait que la Droite est une Idée de force, et qu'à cette dernière est souvent associée l'indépendance. Quoi qu'il en soit, il faut que les hommes de Droite consentent à ne pas s'enfermer dans l'un ou l'autre type de personnalité d'homme de Droite, mais qu'ils soient des hommes de Droite entiers.

★

Et s'il est vrai que le fascisme est la quintessence de la Droite — ainsi que nous avons pu le défendre par ailleurs —, cela ne veut pas dire que le « facho », lui, ne doive pas se remettre en question. Au contraire : il se doit d'être un véritable fasciste, et non simplement un « facho ».

Le facho, le réac, est étroit, et c'est bien cela qu'on lui reproche souvent ; alors que le fasciste, le vrai, lui, est sainement ouvert : il n'anathémise pas tout le monde à tout bout de champ.

L'histoire du régime fasciste le prouve d'ailleurs, en dépit des accusations portées contre lui : c'est certainement l'un des régimes de Droite les plus « tolérants », au bon sens du terme, que le XXe siècle ait connu. Les condamnations à mort et internements pour raisons politiques ont été quasiment nulles, la seule méthode courante fut l'exil, et encore n'était-ce que pour les personnalités importantes, jugées responsables de la décadence du pays. La réalité est que la quasi-totalité du peuple italien fut favorable au fascisme, des catholiques monarchistes aux syndicalistes révolutionnaires en passant par les socialistes patriotes et les républicains conservateurs — seuls les communistes étaient exclus d'office, mais l'on voit mal comment l'on pourrait être tolérants avec les tenants d'une doctrine « intrinsèquement perverse ».

Bref, il s'agit pour *tous* les hommes se voulant à Droite d'être entièrement de Droite. Enfin, d'être de Droite, tout court : car quand on est à Droite, on l'est jusqu'au bout.

★

L'homme de Droite comme l'homme de gauche aspirent spontanément au bien commun, fin de la société. Mais l'homme de gauche veut y parvenir sans prendre les moyens nécessaires : c'est pourquoi il ne poursuit pas réellement le bien commun. Il préfère d'ailleurs employer d'autres mots (intérêt général, etc.).

L'homme de Droite, lui, sait qu'on n'accède pas à une fin sans prendre les moyens nécessaires, ou, pour le dire prosaïquement, qu'on ne fait pas d'omelette sans casser des œufs.

Or, les moyens de parvenir au bien commun ou à l'amitié politique, cause finale de la Cité, sont précisément les autres causes de la Cité : matérielle, formelles intrinsèque et extrinsèque, efficientes principale et instrumentale.

La cause matérielle de la Cité est la justice, c'est-à-dire le fait qu'à chacun revienne ce qu'il mérite et qui lui appartient donc en droit. Les objets de droit se divisent en trois catégories : biens matériels (argent, biens mobiliers et immobiliers), biens immatériels (honneurs, réputation) et relations interpersonnelles (emploi, famille). C'est seulement lorsque cette justice est réalisée, lorsque chacun a ce qu'il mérite, que la fraternité (naturelle ou même surnaturelle) est envisageable.

La cause formelle intrinsèque de la Cité, celle qui fait qu'elle est Cité et pas seulement aggloméré d'individus, de familles, ou même de frères, c'est l'autorité politique, l'État, ou l'ordre qui procède naturellement de l'autorité. Et par ordre, il ne faut pas entendre quelque chose de statique, mais plutôt de dynamique : il y a de l'ordre dans une Cité lorsque tous les citoyens sont ordonnés à la même fin, au même but. Et c'est uniquement lorsque cet ordre règne que l'ensemble des citoyens est libre, car la vraie liberté est celle qui est ordonnée au bien commun, conforme à la volonté *objective* de la Cité.

La cause formelle extrinsèque ou exemplaire d'une Cité, ce sont ses valeurs spécifiques, les valeurs qui l'animent depuis longtemps, sinon depuis toujours, et avec lesquelles on ne peut que composer dans la mesure où la Cité a trouvé sens et stabilité dans ses valeurs. Et c'est seulement en les considérant que l'on peut faire tendre la Cité vers un idéal universel réaliste.

La cause efficiente principale, c'est l'action ou le combat politique, c'est la force d'âme des membres de la communauté, c'est cet élan collectif qui fait réaliser, ensemble, de grandes choses pour la Cité. Elle est la dimension « organique » de la société politique, ce qui fait que cette dernière est un tout analogiquement vivant. Sans cette dimension, sans la participation de tous à la chose commune, la société finit par mourir. Quant à la pensée qui procure une durabilité à cette action, elle en est le fruit plutôt que le principe, car une vraie pensée politique est une pensée de l'action, et que, par définition, la pensée d'une action procède de cette action, a cette action pour principe.

Enfin, la cause efficiente instrumentale ou auxiliaire de la Cité, c'est-à-dire celle qui aide l'action, c'est la tradition, entendue comme héritage que l'on se transmet de génération en génération, ou encore l'histoire passée qui a conduit au présent et sans laquelle on ne peut donc construire rien de solide. Pour ces raisons, la ferme confiance ou « foi » dans l'avenir est intimement dépendante de la fidélité à la tradition. Une société qui fait fi de son passé est comme un enfant qui se couperait de sa mère, de sa génitrice.

★

Ainsi, toutes les dimensions de la société politique sont essentielles : elles sont les fondements de son existence, et par-là de l'obtention de sa fin.

Ce que l'on peut synthétiser avec le tableau suivant :

	Causes de la Cité, ou moyens pour la Cité de parvenir à sa fin, à l'amitié politique	Finalités ou fruits des moyens
Sous le rapport de la matière	La justice, ou le fait que chaque individu ait ce qui lui revient en droit, ce qu'il mérite (situation économique et sociale)	La vraie fraternité, qui est l'achèvement de la justice
Sous le rapport de la forme intrinsèque	L'autorité, ou l'ordre qui procède de cette autorité, c'est-à-dire le fait que tous soient ordonnés à la même fin	La vraie liberté, qui est la liberté ordonnée vers le bien commun

.../...

Sous le rapport de la forme extrinsèque, ou exemplaire	La réalité de telle Cité, ses valeurs propres	L'idéal vers lequel toute Cité doit tendre, adapté aux valeurs propres de telle Cité
Sous le rapport de la cause efficiente principale	La force ou grandeur d'âme, qui nous fait combattre et accomplir de grandes choses pour la Cité	La doctrine qui est éduite des grandes actions accomplies
Sous le rapport de la cause efficiente instrumentale, ou auxiliaire	La tradition, l'héritage, le passé en tant qu'il conditionne l'action présente	La foi dans l'avenir que donne la fidélité à la tradition

Les cinq moyens de parvenir au bien commun sont donc le mérite, l'ordre, la réalité, la grandeur ou force d'âme et la tradition ; et les finalités de ces moyens — que l'on ne peut réaliser immédiatement ou en elles-mêmes, puisqu'elles sont des fruits — :

la fraternité, la liberté, l'idéal, la réflexion et la foi en l'avenir.

★

L'homme de gauche, c'est celui qui veut les finalités des moyens sans les moyens eux-mêmes… ce qui est absurde, irréaliste. Il est semblable à celui qui voudrait être un grand sportif sans s'exercer. Et comme il veut à tout prix parvenir à ses fins, sans pourtant fournir les efforts nécessaires, il s'empresse de confondre ces fins avec n'importe quoi : la liberté n'est plus cette liberté ordonnée vers le bien en général et le bien commun en particulier, mais la faculté de pouvoir faire tout ce qu'on veut, du moment — car il faut bien fixer une limite — que cela ne nuit pas à autrui ; la fraternité n'est plus la justice sublimée par l'amour du prochain, mais une égalité absolue entre les individus imposée despoti-quement par l'État et teintée de solidarité mièvre ; la pensée humaine n'est plus cet effort de com-prendre l'agir humain pour mieux le gouverner, mais une « prise de conscience » collective de nos carences qui est censée assurer le Progrès… Comme s'il suffisait de prendre conscience de son absence de musculature pour devenir musclé !

L'homme de Droite, sans aucune tendance lévo-gyre, c'est celui qui sait qu'il n'est pas de fraternité sans mérite, de liberté sans ordre, d'idéal en dehors de la réalité, de grande pensée sans grandeur d'âme, de confiance dans l'avenir en dehors de la tradition. Et c'est pourquoi **les cinq valeurs essentielles ou fondamentales de la Droite sont**, à notre avis — et nous rejoignons ici l'opinion d'Alain de Benoist (cf. : *Vu de droite*) —, **le mérite, l'ordre, la réalité, la tradition et la force d'âme**.

L'homme de Droite est celui qui, implicitement, a fait de ces éléments les fondements de la Cité. Il doit juste faire attention à n'en négliger concrètement aucun, et aussi à ne pas perdre de vue les finalités de ces choses, au risque de devenir étroit.

★

Il est intéressant de constater que l'hymne du régime fasciste, *Giovinezza*, met précisément en avant ces cinq aspects de la vie en général et de la vie politique en particulier.

Pour ceux qui ne connaîtraient pas cet hymne magnifique, en voici les paroles (traduites par nos soins en français) :

Salut, ô peuple de héros,
Salut, ô patrie immortelle,
Tes enfants naissent de nouveau
Avec la Foi et l'idéal !
La valeur de tes guerriers,
La vertu de tes pionniers,
La vision d'Alighieri
Aujourd'hui brillent dans tous les cœurs !

Refrain :
Jeunesse, Jeunesse,
Printemps de la beauté,
Pour la vie pleine d'âpreté,
Ton chant résonne et s'en va !

Et pour Benito Mussolini, *eja eja alalà* !
Et pour notre belle patrie, *eja eja alalà* !

Les frontières de l'Italie
Et les Italiens sont refaits,
Mussolini les a refaits !
Pour la guerre de demain,
Pour la gloire du travail,
Pour la paix et le laurier,
Pour le pilori de ceux
Qui ont renié la patrie !

Poètes et artisans,
Seigneurs et fermiers,
Avec la fierté des Italiens,
Jurent foi en Mussolini !
Il n'est pas un quartier pauvre
Qui n'envoie pas ses hommes,
Qui ne déploie pas les drapeaux
Du fascisme rédempteur !

Le début du premier couplet semble rappeler l'importance de la force ou **grandeur d'âme**, du sacrifice volontaire pour ce qui nous dépasse : il évoque en effet les « héros » — qui sont les hommes combatifs par excellence —, l'« immortalité » de la patrie — qui est *ce pour quoi* ils se battent —, la « Foi et l'idéal » — qui sont *ce grâce à quoi* ils se battent, soit les moteurs de leur combat, de leur lutte.

La suite du premier couplet évoque quant à elle la nécessité de la **tradition**, de la fidélité, sur laquelle s'appuie la force d'âme : fidélité à la

« valeur des guerriers » qui ont combattu pour la patrie ; fidélité à la « vertu des pionniers », de ceux qui l'ont faite ; fidélité à la « vision » qui les animait. Il rappelle que c'est dans le passé que s'encrent le présent et ainsi l'avenir.

Le second couplet, en sa première partie, parle du « pays » tel qu'il est, avec ses « frontières », ainsi que des membres de la communauté politique. Il dit qu'ils ont été « refaits », c'est-à-dire agrandies pour les frontières, et affermis pour les hommes ; mais par-là même, il montre qu'une saine politique ne modèle qu'un pays et des hommes déjà existants, qu'une *matière seconde* qui s'impose à elle : c'est donc la prise en compte de la **réalité** qui est ici rappelée.

Après quoi, ce même couplet évoque la « paix » et la couronne de « laurier » que procure la guerre, la « gloire » que chacun peut trouver dans le travail ; mais il mentionne conjointement le « pilori », c'est-à-dire le mépris national, de ceux qui ont trahi la patrie : aussi est-ce l'idée de **mérite** qui est, par ces mots, mise à l'honneur. Ceux qui servent la patrie, par le travail ou par les armes, méritent d'être honorés ; ceux qui la desservent, d'êtres bannis.

Le dernier couplet évoque toutes les catégories de la société, « poètes et artisans », c'est-à-dire intellectuels et manuels, « seigneurs et fermiers », c'est-à-dire supérieurs et inférieurs (maîtres et domestiques, chefs d'entreprise et employés, etc.), qui, parce que soumis au Chef de la Cité, sont unis en un seul corps, ordonnés vers une même fin : c'est donc l'**ordre** qui est ici mis en avant.

Et la fin de ce même couplet semble redire, avec l'importance de l'ordre, celle de la grandeur d'âme. En le lisant — « *Il n'est pas un quartier pauvre qui n'envoie pas ses hommes, qui ne déploie pas les drapeaux du fascisme rédempteur !* » —, on s'imagine bien des milliers d'hommes, de toutes origines, défilant avec leurs drapeaux en l'honneur de la patrie et du fascisme ! C'est donc la nécessité de l'organicité politique, de la contribution de chacun au bien commun, qui est de nouveau rappelée.

Quant à la force morale, au courage personnel dans les épreuves qui s'imposent à nous — courage qui est pour ainsi dire le fondement des fondements de la Droite (parce que principe moral avant d'être politique) —, il est magnifié au cœur du refrain de l'hymne : ce dernier invite en effet à continuer à chanter, c'est-à-dire à demeurer ferme et joyeux, malgré la « vie pleine d'âpreté » (« *vita nell'asprezza* »), malgré les difficultés et les souffrances de la vie, bref, malgré la vie dure.

CONCLUSION

En bref, l'homme de Droite est — ou plutôt *devrait être*, car aucun des hommes de Droite décrits dans ce travail ne l'est parfaitement —, celui qui ne brûle pas les étapes, tout en gardant bien à l'esprit que ces étapes ne sont que des étapes.

L'homme de Droite veut l'ordre, sinon il n'est pas de Droite (« il n'existe de liberté que dans un ordre » dit justement José Antonio), et en même temps il veut cet ordre pour la liberté, sinon il est un homme de Droite incomplet (« sauf pour les dictateurs et les imbéciles, l'ordre n'est pas une fin en soi », lâche Jean Gabin dans *Le Président*) ; on pourrait s'étonner que la liberté constitue la véritable cause formelle de la Cité, mais par « liberté » il faut entendre ici la liberté ordonnée, tournée vers le bien commun, donc la volonté commune (au sens classique du terme) — cette volonté collective qui est comme l'âme de la Cité, et qui est incarnée par le Chef.

L'homme de gauche est un impatient : il veut accéder au « bonheur » — à la liberté par exemple — tout de suite et sans effort, et est donc logiquement porté à confondre ce bonheur avec n'importe quoi. C'est un rêveur. Il est, selon l'expression de Gustave Thibon, l'homme de

« l'ampleur impure et fiévreuse du marécage où se mêlent l'eau et la terre, les miasmes et la rosée » (*Diagnostics*).

Alors que l'homme de Droite, lui, est un homme de patience et de fermeté. Un homme de force morale. Il est l'homme de la « pureté étroite et glacée des monts rigides » (*ibid.*). Il sait que la montée est rude et que le sommet se mérite. Il sait, aussi, que le chemin est étroit, bien que la destinée finale soit large.

Il en est enfin de même de la différence entre le catholique de Droite et le « catholique » de gauche. Le second est trop impatient pour attendre la béatitude parfaite, alors il confond cette dernière avec n'importe quoi : la réalisation de chacun, l'« amour » (mais on ne sait trop lequel), l'unité du genre humain...

Alors que le premier — le vrai catholique — sait qu'il n'est qu'une seule béatitude parfaite : la vision béatifique. Que cette béatitude n'est accessible qu'après la mort. Que la vie terrestre consiste donc à s'y préparer, à la mériter. Que cette préparation est nécessairement dure, austère, exigeante.

Bref, que seule la souffrance consentie — la Croix — peut accoucher de l'éternelle béatitude.

Charrette, José Antonio, Brasillach, Bastien-Thiry et Duprat exécutés ou assassinés ; Chateaubriand, de Maistre, Jefferson Davis, Maurras et Adrien Arcand rejetés par leur pays et parfois même par leurs proches : les grands hommes qui ont combattu pour la Droite, souvent aussi grands chrétiens, nous rappellent que nous sommes appelés, en ce monde, au laurier de l'héroïsme et à la palme du martyre.

ANNEXES

Textes rapportés et annotés méritant
d'être lus, même s'ils ne sont pas
irréprochables, pour la vision juste
qu'ils donnent de l'homme de Droite

1. ANNEXE I

L'esprit de gauche et l'esprit de droite
par Gustave THIBON, dans *Diagnostics* (1940)

Il est facile de définir l'homme de gauche comme un envieux ou un utopiste et l'homme de droite comme un satisfait ou un « réaliste ». Ces formules nous renseignent assez peu sur la vraie différence intérieure entre ces deux types d'humanité.[1]

Essayons d'y voir plus clair. Si nous évoquons, dans chaque camp, quelques personnalités supérieures (elles seules sont peut-être capables de nous fournir le grossissement nécessaire à la découverte des essences[2]), la constatation suivante s'impose : le grand homme de droite (Bossuet, de Maistre, Maurras, etc.) est profond et *étroit*, le grand homme de gauche (Fénelon, Rousseau, Hugo, Gide, etc.) est profond et *trouble*. Ils possèdent l'un et l'autre toute l'envergure humaine : ils portent dans leurs entrailles le mal et le bien, le réel et l'idéal, la terre

---

[1] La distinction idéaliste/réaliste renseigne assez peu, il est vrai, sur la différence « intérieure », c'est-à-dire *psychologique*, des deux types d'humanité. Il n'en demeure pas moins que, d'un point de vue philosophique, elle est capitale.

[2] C'est là un procédé typiquement *réaliste* : lorsqu'on veut connaître une essence, on doit considérer les individuations maximales de cette essence ; car les maximales sont les plus universelles, et ainsi les plus proches de l'essence dans son universalité. Ce procédé est très important en politique : pour comprendre la pensée d'un groupe, on n'écoute pas la base, mais l'élite de ce groupe.

et le ciel. Ce qui les distingue, c'est ceci : l'homme de droite, déchiré entre une vision claire de la misère et du désordre humains et l'appel d'une pureté impossible à confondre avec quoi que ce soit d'inférieur à elle, tend à *séparer* avec force le réel et l'idéal ; l'homme de gauche, dont le cœur est plus chaud et l'esprit moins lucide, incline plutôt à les *brouiller*.[3] Le premier, soucieux de garder à l'idéal son altitude et sa difficulté d'accès, flairera volontiers des relents de désordre dans les « idéals » qui courent le monde ; le second, pressé de réaliser ses nobles rêves et peut-être un peu dégoûté des ascensions sévères, sera porté à *idéaliser le désordre*. Ici on mêle, là on tranche…

Musèle et châtie les démons qui sont en toi et dans le monde, dit l'esprit de droite. Fais-en des anges, nous souffle l'esprit de gauche. Le malheur, dans ce dernier cas, c'est qu'il est infiniment plus facile de travestir que de transformer. L'ascétisme est à droite, le quiétisme à gauche. Le duel entre Fénelon et Bossuet revêt, de ce point de vue, une immense signification humaine.[4] Bossuet avait flairé dans le quiétisme le premier indice, encore

---

[3] Ce faisant, l'homme de gauche perd tout sens du réel : confondre, c'est oublier.

[4] Et le parallèle entre ascétisme et quiétisme d'une part, droite et gauche d'autre part, est d'autant plus intéressant qu'il révèle, une fois de plus, l'identité de structure interne qui existe entre la nature et la grâce — quoiqu'il y ait différence radicale d'ordre. Les modernistes (héritiers contemporains des quiétistes) sont aux vrais catholiques ce que les gens de gauche sont aux hommes de Droite.

timide et voilé, de cette catastrophique confusion de Dieu et de l'homme, qui devait stigmatiser l'âge moderne. La corruption quiétiste équivaut sur le plan religieux à la corruption démocratique sur le plan politique : l'une et l'autre sont le fruit de cette hâte fébrile de l'être impuissant qui, n'ayant plus de forces pour lutter ni de réserves pour attendre, s'empresse, afin de réaliser sans retard ni peine son rêve de plénitude et de bonheur, de le confondre avec n'importe quoi. Le quiétisme et la mystique démocratique consistent à brûler les étapes — en rêve ! La fièvre est à gauche…

★

Les grands pessimistes chrétiens comme Pascal ou de Maistre n'ont certes pas moins de noblesse ou de générosité que n'importe quel esprit de gauche, ils ont simplement une conscience tragiquement vivace de l'abîme qui s'étend entre ce qu'est l'homme et ce à quoi il est appelé[5] : ils sont sceptiques par respect de la vérité suprême, réalistes par amour de la *réalité* de leur idéal.

La vision et la reconnaissance sincères de la misère de l'homme seraient donc des sentiments de

---

[5] Radicalement, cette distinction est celle qu'il y a entre puissance et acte — distinction fondamentale en philosophie réaliste. Pour l'homme de Droite, l'homme n'est bon qu'en puissance : il doit *s'efforcer* d'être bon pour l'être en acte. Pour l'homme de gauche, l'homme est déjà bon : il doit juste *laisser faire* sa nature profonde. Même différence entre le catholique et le moderniste.

droite, me répondra-t-on ? Et cependant, voyez à gauche ce souci de vérité, cette tendance à tout démasquer, à mettre à nu tant de bassesses indûment idéalisées (le freudisme et le marxisme par exemple sont à gauche[6]), tandis qu'à droite on observe plutôt le pharisaïsme, l'obscurantisme, la *pia fraus*... Je répliquerai qu'il existe aussi à droite de grands démasqueurs (un Pascal, un Nietzsche, etc.). Toutefois, il faut avouer que, dans l'ensemble, le besoin d'explorer les dessous vulgaires ou impurs de l'homme et de la société est un sentiment de gauche.[7] L'homme de droite sent trop la *réalité* de la bassesse humaine pour éprouver le besoin de la crier sur les toits, il sent aussi instinctivement les dangers que comporte une pareille exhibition, il éprouve enfin, en face des misères de l'humanité, une espèce de pudeur attristée qui le porte à détour-

---

[6] Le marxisme et le freudisme sont même les deux pensées emblématiques de la gauche en tant qu'elles en sont les aboutissements extrêmes : l'une pousse à l'extrême le matérialisme, et l'autre le sensualisme, qui vont logiquement de pair. Et on peut malheureusement affirmer que le freudo-marxisme est la pensée dominante depuis mai 68.

[7] En psychologie, on discerne habituellement, dans le fait pour un individu de passer son temps à parler des impuretés humaines, une complaisance de cet individu pour ces choses. Les gens qui ne cessent de narrer les bassesses des hommes sont souvent ceux qui, à côté de cela, déclarent que la bassesse fait partie de la richesse de l'homme, que l'homme ne serait pas aimable sans elle, etc. L'exemple de Hugo est typique.

ner son regard (cette pudeur, de nature essentiellement aristocratique, dégénère, chez le type « bourgeois », en pharisaïsme hypocrite[8]). Et nous assis-
tons ici à ce curieux paradoxe. Les politiciens,
moralistes, éducateurs, etc., de droite, *théorique-
ment*, négligent la bassesse des hommes et semblent
même idéaliser hypocritement la nature humaine
(voir par exemple leurs conceptions un peu sim-
plistes de l'« âme », de la « vertu », de la « patrie »,
etc.), mais, *pratiquement*, ils traitent l'homme avec
la prudence et la rigueur qu'appelle sa misère (les
climats spiritualistes furent toujours rigoureux) ;
ceux de gauche au contraire hurlent à tout vent la
matérialité, l'impureté foncières des tendances
humaines (théories marxistes et freudiennes par
exemple) ; seulement, après cette descente purement spéculative aux enfers, ils traitent l'homme en
ange et leur optimisme pratique est illimité.

Alors ? Quel est le moteur secret de cette rage de
démasquer ? Le désir de dépasser ou de combattre
ce que l'homme a d'inférieur ou de vil ? L'anti-
ascétisme foncier de tous ces démasqueurs prouve

---

[8] Distinction essentielle entre pudeur et pharisaïsme : la
pudeur tâche de ne pas rendre la laideur trop visible, alors
que le pharisaïsme nie sa réalité. L'homme de Droite sait
qu'il y aura toujours des pauvres, mais il fera en sorte que
les pauvres aient un logis, des habits, une tenue conve-
nables pour qu'ils ne soient jamais sujets de mépris ou de
déshonneur — mal bien pire que la pauvreté. Le bourgeois — le libéral —, lui, niera qu'il y a des pauvres : il est
finalement aussi antiréaliste que le socialiste qui pense
pouvoir éliminer la pauvreté. Le bourgeois est de gauche.

assez le contraire. L'âme de leur sincérité, c'est encore la soif d'idéaliser la bassesse humaine ! Quand on a prouvé que les « idéals » de l'homme ne sont que des déguisements de l'instinct sexuel (freudisme) ou des mobiles économiques (marxisme), c'est-à-dire que la chair et la matière sont l'unique réalité, quel nimbe apparaît du même coup autour de la matière et de la chair ! L'homme de gauche stigmatise à grands cris le mal du monde, mais ce mal, au fond, il ne le prend pas au sérieux : ce n'est pour lui qu'un accident superficiel et éphémère ; encore un peu de temps et il va s'évanouir au souffle du « progrès », de la « révolution », etc. Il y a encore, certes, de douloureuses situations psychologiques dues aux conflits sexuels, il y a aussi de cruelles injustices sociales, mais tous ces maux disparaîtront dès que l'homme aura vraiment pris conscience de la réalité sexuelle et de la réalité économique. L'optimisme freudien et l'optimisme marxiste débordent d'enseignement précieux : pour l'homme de gauche, le mal éclairé et dénoncé est déjà presque guéri, le mal n'est au fond qu'un malentendu, une espèce de fausse position prise en dormant par l'humanité…[9] Est-il façon plus subtile

---

[9] Thibon met ici le doigt sur quelque chose de très important, que nous avons déjà évoqué dans notre travail : la réduction de l'action, par la gauche, à une simple « prise de conscience » ; et plus profondément : celle du mal à un « malentendu ». Or, ces réductions ne peuvent avoir qu'une source : l'identification de l'homme à une pure « conscience », la négation de la volonté ou de la liberté

et plus dangereuse d'idéaliser le mal que de le présenter aussi extérieur et aussi curable, évoluant avec tant de sûreté vers un bien et un équilibre universel ?

Mais est-ce vraiment la bassesse humaine que dénoncent les prophètes de la révolution ? Non, puisqu'ils font de cette bassesse l'essence de l'homme. Ce qu'ils dénoncent, ce n'est pas la matière ou le péché (ils s'en accommodent fort bien, ils ne voient rien au-delà), c'est la gêne et la douleur inhérentes à la matière et au péché.[10] De la matière, du péché enfin organisés, épanouis, parvenus à la pleine conscience et à la pleine possession d'eux-mêmes, ils espèrent voir jaillir un paradis. Comprend-on maintenant ce que signifie cette hâte à dénoncer et à supprimer toutes les misères humaines ? Le malheur pourrait faire songer au péché : on est pressé d'en finir avec le cortège de douleurs que la bassesse de l'homme traîne après elle pour qu'il n'y ait plus — enfin ! — d'objections

---

humaine, bref, le déterminisme. Un déterminisme qui sert d'alibi à la faiblesse.

[10] Voilà encore une chose que nous avons beaucoup évoquée, surtout dans *L'Esprit de Droite* : le refus idéaliste, à gauche, de la souffrance ; le désir de faire advenir un paradis sur terre. L'homme de Droite, c'est celui qui sait que la souffrance — la Croix pour les chrétiens — fait partie intégrante de la vie. La Droite accepte le châtiment du péché précisément pour mieux réprimer le péché ; la gauche veut le péché sans le châtiment. Si la Droite est l'ordre moral, la gauche en est l'opposition absolue.

contre cette bassesse. On poursuit la douleur pour mieux canoniser le péché...

Il s'agit en effet avant tout (et combien d'idéals moraux et politiques sont fondés sur ce désir !) de rendre la bassesse indolore, d'apprivoiser et de châtrer le péché. Ces idéalistes acceptent tout de la chute — sauf l'aiguillon du châtiment. Ils cherchent, ils implorent une sorte de repos divin, dans la vanité — dans la pauvre joie et le pauvre orgueil de l'homme tombé. Ils ne doutent pas de la divinité foncière de cet homme. Aussi le spectacle du mal leur est insupportable. Tant que le mal subsistera, il sera impossible d'adorer l'homme sans réserve : un Dieu ne peut pas, ne doit pas souffrir ! Conclusion : volonté d'effacer le mal-péché comme un mythe et le mal-douleur comme un accident. Après quoi, tout dans l'homme sera bien mêlé, brouillé, divinisé ! Tout est Dieu quand il n'y a plus ni sommet ni hiérarchie. L'anarchie réalise le ciel à peu de frais.

Étroitesse à droite, mixture à gauche. Dans tous les domaines, l'homme livré à lui-même ne peut qu'osciller entre ces deux écueils. Et seul, dans tous les domaines, un climat moral et social vitalement chrétien peut lui épargner ce choix amer.[11] Ces

---

[11] Nous comprenons que, chez Thibon, c'est *par rapport à l'ordre surnaturel* que la gauche et la Droite — non surélevée par la grâce — sont des impasses. Toutefois, il eût été préférable, selon nous, de dire simplement que toute politique naturaliste, qu'elle soit de gauche ou de Droite, était un écueil ; ce qui est effectivement vrai : le nazisme

abîmes de la révolte et de la détresse humaine, la dureté ascétique de droite les séquestre, la courte folie de gauche les travestit, mais le christianisme les transfigure. — À gauche, l'ampleur impure et fiévreuse du marécage où se mêlent l'eau et la terre, les miasmes et la rosée, — à droite la pureté étroite et glacée des monts rigides, — en haut, l'ampleur suprême du ciel pur ; tendre et sans fond — du ciel plus large que la plaine, plus haut et plus vierge que les monts ![12]

---

nietzschéen et néopaïen était peut-être de Droite, mais il était néopaïen, et c'est ce qui a en grande partie causé sa perte ; il en sera probablement de même, d'ailleurs, de la Nouvelle Droite.

[12] Il est bien vrai que, d'un point de vue purement psychologique, et indépendamment de la question du péché originel, l'homme de Droite — l'homme de morale — a quasiment toujours, quoique non nécessairement, quelque chose d'étroit, de froid et de dur. Et par conséquent, l'on ne peut que se réjouir que Dieu l'ait appelé à l'ordre de la grâce, à cet ordre qui élève l'homme à la largesse, à la chaleur et à la douceur de l'Amour divin.

2. ANNEXE II

Qu'est-ce qu'un homme de droite ?
par Gabriel MARCEL, dans *Arts* (1962)

Il existe une droite « close » et une droite « ouverte ». Personnellement, je me sens très peu de points d'accord avec ce que j'appelle droite close, car c'est une droite crispée sur l'idée de conservation. Je ne dirai jamais que je suis conservateur. Dans l'espèce d'énorme chantier de démolition où nous sommes, il peut y avoir des choses à exhumer, il peut y avoir des choses à réveiller, mais conserver me paraît être un mot dont on ne peut pas se servir.[1]

---

[1] L'idée ici énoncée est assez intéressante, et c'est volontiers que nous la retenons : le fait de vouloir « conserver » de manière rigide — qui serait, selon l'auteur, le propre de la droite « close » — n'est pas une bonne solution. Car rien n'est conservé qui ne soit régulièrement « exhumé », « réveillé », bref, rénové : c'est même, disait Chesterton, la grande loi de l'humanité ; ce qui est laissé intact ne peut que se détériorer.

Toutefois, nous estimons personnellement que le terme « conservatisme » n'est pas non plus à rejeter, d'abord parce qu'il permet de s'opposer clairement au progressisme de gauche, ensuite et surtout parce que la vraie conservation suppose, ainsi que nous l'avons établi, la saine adaptation. Mais ça n'est après tout qu'une question de mots. Peut-être le terme « traditionalisme » est-il le plus adéquat, même en politique, dans la mesure où la tradition contient les deux aspects : conservation de l'héritage et transmission vivante.

L'attitude par rapport à l'Histoire est une caractéristique déterminante. Je crois que l'homme de gauche est presque toujours quelqu'un qui traite le passé avec beaucoup de désinvolture et qui, en particulier, n'hésite pas à le manipuler suivant un certain nombre d'idées préformées. Je trouve cela extrêmement net par exemple pour le problème de la colonisation. Je vois les défauts qu'a présentés la colonisation, les abus souvent intolérables auxquels elle a donné lieu, mais je me refuse absolument à procéder à ce genre de manipulation, je reviens sur ce mot, qui tend à démontrer que la colonisation a été purement et simplement une exploitation, une oppression. C'est une idée simplement fausse.[2]

La position de l'homme de droite devant le passé est une attitude de discernement avant tout. Elle consiste à admettre que les hommes qui nous ont précédés ont droit à un certain respect, que nous avons d'abord à chercher à les comprendre, à reconnaître ce qu'ont été leurs épreuves, leurs difficultés. Cela ne veut pas dire que nous n'ayons pas à les juger dans bien des cas, mais ce discernement indispensable ne peut s'exercer que sur la base d'une certaine appréciation de la profondeur du passé, de

---

[2] Oui, la colonisation fut surtout bénéfique pour les peuples colonisés, et il est triste de voir que, même dans le camp de la Droite nationale, certains en doutent encore. Pourtant, il n'est qu'à regarder le cas de l'Algérie pour s'en rendre compte : ce pays n'était rien avant que les colons français n'y arrivent en 1830 (sa seule « économie » était alors la piraterie), et il n'est honnêtement plus grand-chose depuis qu'ils se sont fait chasser en 1962.

l'épaisseur du passé — alors que pour l'homme de gauche, au contraire, ce passé devient extrêmement mince, parce que là le centre de gravité est placé dans l'avenir.[3] Il faut tout de même reconnaître qu'il y a dans le passé des éléments permanents, des valeurs, que nous avons à déterminer, non pas du tout par un effort d'abstraction, mais par une réflexion à partir du passé.

On ne peut pas séparer le présent du passé. Il ne faut pas avoir la nostalgie du passé — une certaine attitude romantique ne peut se comprendre que poétiquement. Sur le plan de l'action, ces états d'âme sont inadmissibles, mais il faut aussi savoir distinguer tout ce qui, dans le passé, contribue à expliquer le présent. Le présent ne peut pas être considéré isolément !

Ce qui distingue fondamentalement l'homme de gauche de l'homme de droite serait sans doute la manière très différente de concevoir « la personne

---

[3] C'est la différence la plus visible entre l'homme de Droite et l'homme de gauche : le premier honore le passé, certes toujours avec discernement, mais aussi avec bienveillance ; alors que le second le méprise. Et pourquoi ? Parce que, pour l'homme de Droite, le centre de gravité du temps est le présent, et que ce présent est le fruit du passé ; alors que, pour l'homme de gauche — progressiste —, « le centre de gravité est placé dans l'avenir » : il croit en effet à l'établissement futur d'un paradis sur terre, et estime par conséquent que l'histoire ne peut qu'évoluer en bien, que son évolution est toujours progrès, et donc que le passé est nécessairement mauvais par rapport au présent et à l'avenir.

humaine ».[4] Il est certain que l'idée de la personne comme unité arithmétique me fait horreur.[5] En ce sens, je n'hésiterai pas à dire que le suffrage universel est un mal ; mais je pense également qu'il serait chimérique, absurde, dangereux de vouloir revenir sur ce principe. En tant qu'homme de droite, c'est-à-dire soucieux d'une certaine qualité humaine à préserver, disons, d'une certaine élite ou d'une certaine aristocratie à constituer ou à créer[6], ma préoccupation sera de trouver autant que possible des mécanismes compensateurs à ce mal qu'est le suffrage universel, où l'égalitarisme est général.

Cette aristocratie (et une fois de plus, je me sens très proche de Daniel Halévy[7]) est à créer, à susciter. Nous ne pouvons pas nous appuyer sur celles

---

[4] La politique étant une science humaine, il est logique que toute pensée politique ait à sa racine une certaine conception de l'homme, une anthropologie.

[5] Et cette vision de l'humanité comme un ensemble d'individus arithmétiquement égaux est celle de gauche, on l'aura compris.

[6] « Aristocratie » : le mot est lâché. Si la pensée de gauche est fondamentalement démocratique, celle de Droite, elle, est aristocratique. C'est-à-dire que le premier fondement de la gauche est l'idée d'égalité, alors que celui de la Droite est l'idée de mérite — ainsi que nous avons déjà pu le montrer.

[7] Peu connu et pourtant très intéressant, Daniel Halévy (1872-1962) était un historien et essayiste spécialiste de la pensée de Droite. Pétainiste, il appartenait à l'ADMP (Association pour défendre la mémoire du maréchal Pétain) et collaborait avec *La Nation française*, journal

du passé, et la ploutocratie est le contraire même de l'aristocratie.[8] Quant aux technocrates, je crois que c'est une illusion de penser qu'ils pourraient former une aristocratie. Il n'est certes pas question de mettre en cause l'évolution accélérée des techniques, ce qui serait absurde. Quand je vois des gens du monde qui font du gandhisme, ça m'exaspère. Mais je dirais la même chose que pour le suffrage universel ; il s'agit de trouver, non pas des mécanismes, mais des puissances spirituelles[9] qui exercent une compensation.

Il pourrait certainement y avoir une aristocratie du monde du travail, mais à ne pas confondre avec des gens qui, actuellement, sont des meneurs ou des agitateurs professionnels.

---

d'obédience royaliste et nationaliste, avec Gustave Thibon et Gabriel Marcel.

[8] L'aristocratisme de Gabriel Marcel est précisément celui que nous défendons : il n'est ni celui du passé — l'ancienne aristocratie ayant objectivement sombré, notamment à cause de l'hérédité des privilèges —, ni celui de la ploutocratie moderne — la ploutocratie ou le pouvoir des plus riches étant « le contraire même de l'aristocratie » (Aristote disait déjà de même). La véritable aristocratie, c'est l'élite morale, ou spirituelle, ce sont ceux dont la vertu est la plus élevée. C'est une aristocratie qui est *potentiellement* à la portée de tous, et qui cependant ne peut être *actuellement* le fait de tous.

[9] La véritable aristocratie n'est pas le fruit de « mécanismes » mais de « puissances spirituelles » : on retrouve la même vision « spiritualiste » de l'aristocratie.

La qualité même du travail, sur laquelle peut se fonder une idée aristocratique qui a été une chose si belle autrefois, est, d'une certaine manière, presque perdue. La notion de chef-d'œuvre, au sens artisanal du mot, ne semble plus avoir de place dans le monde industriel.

On peut imaginer toutefois que du fait de l'automation, les besognes purement mécaniques et dénuées d'intérêt seront de plus en plus dévolues aux machines, et que se créera à l'intérieur même de l'industrie[10] ce qu'on peut appeler une élite. L'aristocratie, telle que je la conçois, est axée sur la considération de la qualité, et sur un point comme celui-là, je pense qu'il n'y a pas de raison pour que la gauche et la droite ne se rencontrent pas. Je suis dans bien des cas bien plus intéressé par les points de rapprochement que par les points d'opposition.

Ce qui me frappe chez l'homme de gauche, c'est une certaine carence de la réflexion. Avec des exceptions, bien évidemment. Le grand danger qui menace l'homme de gauche, c'est de succomber au mirage de l'idéologie. Ce que je découvre souvent chez l'homme de gauche, c'est une sorte de pensée

---

[10] Nous partageons l'idée selon laquelle, dans le monde du travail, c'est le secteur de l'industrie qui est le plus propice à susciter une certaine élite : car il est par nature le secteur le plus proche de l'État, et donc celui où le souci de servir le bien commun peut être le plus présent, si toutefois on le cultive. Mais ça n'est là qu'une opinion.

abstraite qui est en réalité au service d'une passion qui ne s'avoue pas.[11]

L'homme de droite tel que je le conçois sera toujours critique par rapport à ce qui est global. Il insistera sur le fait que telle chose est vraie dans certaines limites, mais qu'en dehors de ces limites elle peut devenir fausse ; alors que l'homme de gauche est enclin à une vue globaliste, une généralisation.

Sans doute, dans les propos des intellectuels de gauche, on relève toujours les termes d'esprit critique, de sens critique, de critique de l'histoire, de volonté d'analyse... Il faut distinguer, il y a des cas d'espèces. Ne soyons pas « globaux ».

En tout cas, les hommes de gauche ont une certaine manière extraordinairement unilatérale de considérer les faits.

Voyez ce qui s'est passé pour Camus, à propos du problème algérien. Les hommes de gauche se sont montés contre lui parce qu'il n'était pas assez engagé. Ce n'était certes pas par lâcheté, c'était un homme courageux par excellence, mais parce qu'ayant une vue très complète de la situation, il souffrait à la fois pour les uns et pour les autres, ce que je trouve admirable.

---

[11] Voilà qui est très fin : une pensée politique hyperabstraite est souvent un moyen astucieux de justifier une passion personnelle. Il en est d'ailleurs de même dans le domaine moral : il faut beaucoup d'ingéniosité pour défendre un vice...

Il me semble que l'homme de droite a une notion plus complète, plus riche, de l'homme, à condition qu'il s'agisse d'une droite ouverte, animée d'un esprit de sympathie capable de tirer profit d'une certaine réflexion à gauche.[12]

La coupure entre la gauche et la droite ne peut pas être absolue. Ce n'est d'ailleurs pas la seule qui existe, il y a également une coupure presque aussi importante et néfaste, à mon avis, celle entre un certain monde anglo-saxon et le monde européen, entre une pensée stérilisée par un positivisme mathématique et la pensée qui nous est commune avec les Espagnols, les Allemands, les meilleurs Italiens : la pensée européenne.[13]

---

[12] L'idéologie est par définition une vision des choses appuyée sur une seule idée : il est donc logique que les idéologues — les gens de gauche — aient toujours une vision réductrice du monde. Alors que l'homme de Droite, étant réaliste, voit le réel dans sa richesse. Pour autant, Gabriel Marcel a raison lorsqu'il invite à « tirer profit » des pensées erronées : car dans chaque erreur se trouve une part de vérité. Seul le terme de « sympathie » nous paraît ici maladroit.

[13] Il est bien vrai que l'opposition Droite/gauche n'est pas la seule qui existe, puisque beaucoup d'autres s'enchevêtrent avec elle. Et notamment celle entre la pensée anglo-saxonne, « stérilisée par un positivisme mathématique », et la « pensée européenne », caractérisée par sa métaphysique. Une opposition qui, au fond, revient à celle entre matérialisme de Droite et spiritualisme de gauche... Quoi qu'il en soit, nous trouvons assez pertinent de terminer par un éloge de la pensée européenne : car, tout compte

fait, cette dernière est bien le meilleur corpus doctrinal que possède la Droite.

TABLE DES MATIÈRES

www.ingramcontent.com/pod-product-compliance
Lightning Source LLC
Chambersburg PA
CBHW050736030426
42336CB00012B/1598